Solibieda

Behinderte in der Zeitarbeit

Verena Solibieda

Behinderte in der Zeitarbeit

Schriftenreihe zur Zeitarbeit

Verlag Personal, Recht, Management Ltd.

Bibliographische Information der deutschen Nationalbibliothek
Die Deutsche Nationalbibliothek verzeichnet diese Publikation in der Deutschen Nationalbibliographie; detaillierte bibliographische Daten sind im Internet über http://dnb.d-nb.de abrufbar.

Niederlassung Deutschland: Lindlaustr. 2a, 53842 Troisdorf

Umschlagskonzeption: Verlag Personal, Recht, Management Ltd.
Satz: Verlag Personal, Recht, Management Ltd.
Druck: Books on Demand GmbH, Norderstedt
Printed in Germany, Oktober 2009

ISBN 978-3-941388-30-7

Inhaltsverzeichnis

Abkürzungsverzeichnis

ABM	Arbeitsbeschaffungsmaßnahme
ArbG	Arbeitsgericht
ArbZG	Arbeitszeitgesetz
Art.	Artikel
AÜG	Arbeitnehmerüberlassungsgesetz
AZ	Aktenzeichen
BAG	Bundesarbeitsgericht
BGB	Bürgerliches Gesetzbuch
BMAS	Bundesministerium für Arbeit und Soziales
BVerG	Bundesverfassungsgericht
BVG	Bundesversorgungsgesetz
EG	Europäische Gemeinschaft
EGBGB	Einführungsgesetz zum Bürgerlichen Gesetzbuch
EU	Europäische Union
EuGH	Europäischer Gerichtshof
evtl.	eventuell
EWG	Europäische Wirtschaftsgemeinschaft
GG	Grundgesetz
ggf.	gegebenenfalls
GdB	Grad der Behinderung
ICF	Internationale Klassifikation der Funktionsfähigkeit
inkl.	inklusive
i.V.m.	in Verbindung mit
KschG	Kündigungsschutzgesetz
LAG	Landesarbeitsgericht
OEG	Gesetz über die Entschädigung für Opfer von Gewalttaten
Rn.	Randnummer
SchbVwO	Wahlordnung zur Schwerbehindertenvertretung
SchwbG	Schwerbehindertengesetz
SGB	Sozialgesetzbuch
SGG	Sozialgerichtsgesetz
sog.	so genannte
v.a.	vor allem
vgl.	vergleiche
VwGO	Verwaltungsgerichtsordnung
WHO	Weltgesundheitsorganisation
ZDG	Gesetz über den Zivildienst der Kriegsdienstverweigerer
ZustVO	Zuständigkeitsverordnung
zw.	zwischen

1 Problemstellung

In Deutschland stehen rund 7 Millionen Menschen mit einer anerkannten Behinderung unter dem besonderen Schutz des Staates, welcher versucht, ihre Teilhabe am wirtschaftlichen und gesellschaftlichen Leben zu ermöglichen und eventuelle Nachteile aufgrund ihrer Behinderung auszugleichen.[1]

Auf dem Arbeitsmarkt steht zur Gewährung einer Chancengleichheit ein sehr umfangreiches und differenziertes Instrumentarium zur Förderung behinderter Menschen zur Verfügung. Hierzu gehören im Speziellen ein besonderer Kündigungsschutz für Behinderte, sowie ein System von Beschäftigungspflicht, Quotenregelung und Ausgleichsabgabe.

Dieses Instrumentarium steht jedoch im unmittelbaren Spannungsfeld der aktuellen Arbeitsmarktsituation von schwerbehinderten Menschen. Diese ist als kritisch zu betrachten und beeinträchtigt folglich weitere Ziele der Integration von Behinderten aufgrund von fehlendem Einkommen, fehlendem Selbstwertgefühl und beschränkten Kontaktmöglichkeiten zur Außenwelt.

Nur rund 6 % der behinderten Menschen fühlen sich im öffentlichen Leben gleichberechtigt behandelt. Dies ist das Ergebnis einer Studie der Hans-Böckler-Stiftung und dem Sozialwissenschaftlichen Forschungszentrum Berlin-Brandenburg.[2] Eine berufliche Integration von Behinderten ist daher von elementarer Bedeutung, um ihre Eingliederung in die Gesellschaft insgesamt zu gewährleisten.

In Zeiten zunehmenden Konkurrenzdrucks der Unternehmen herrschen jedoch gegenüber den behinderten Arbeitnehmern weitreichende Vorbehalte auf Seiten der Arbeitgeber vor, die sich in geringen Eingliederungschancen arbeitsloser Behinderter niederschlagen.

Das traditionelle Arbeitsmarktinstrumentarium des Staates zielt jedoch vorrangig auf die Sicherung bereits bestehender Arbeitsverhältnisse mit Behinderten ab, und stellt hauptsächlich monetäre Leistungen zur Verfügung, die eine finanzielle Mehrbelastung bei der Beschäftigung Schwerbehinderter ausgleichen sollen.

Unterstellt man jedoch, dass behinderte Menschen auf einem entsprechenden Arbeitsplatz in der Regel die gleichen Arbeitsleistungen erbringen können wie nicht eingeschränkte Arbeitnehmer, so geht die Arbeitsmarktpolitik am Kernproblem vorbei.[3]

Eine Möglichkeit dieses Problem zu lösen oder zu verbessern, könnte in der Variante der gewerblichen Arbeitnehmerüberlassung gesehen werden, bei der, die mit einer Einstellung

---

[1] Winkler, A.(2000): Zeitarbeit für Behinderte. 1. Aufl., Hamburg: Kovač, S. 9.

[2] Winkler, G.(2003): Menschen mit Behinderung – Report 2003. 1. Aufl., Berlin:Trafo-Verlag, S.21 ff..

[3] *Winkler, A.*: Zeitarbeit für Behinderte, S. 10.

von Schwerbehinderten verbundenen Risiken, von externer Seite und dem Zeitarbeitsunternehmen teilweise übernommen werden können.

In nachfolgendem Schriftstück wird diese mögliche Variante dargestellt, sowie ihre Erfolgsfaktoren aufgewiesen und rechtliche Anregungen geschaffen.

2 Schwerbehinderte Menschen in Deutschland

Die Arbeitsmarktsituation von behinderten Menschen ist, wie bereits in der Einleitung erwähnt, nicht als optimal zu betrachten.

Um die Notwendigkeit einer Arbeitsmarktsituationsverbesserung von behinderten Arbeitnehmern aufzuweisen, werden in Gliederungspunkt 2 des Buches die wirtschaftliche Situation, und besonders die Arbeitsmarktsituation von behinderten Menschen in Deutschland anschaulich dargestellt.

2.1 Die wirtschaftliche Betrachtung von behinderten Menschen in Deutschland

Das Statistische Bundesamt teilt in dem Kurzbericht „*Statistik der schwerbehinderten Menschen*", erschienen im Januar 2009 mit, dass am 31.12.2007 rund 6,9 Millionen Menschen bei den Versorgungsämtern als schwerbehindert mit gültigem Ausweis amtlich anerkannt waren.[4] Das entsprach einem Anteil von ca. 8,4 % der gesamten Bevölkerung.

Die Statistik belegt, dass Behinderungen bei Personen im fortgeschrittenen Alter erwartungsgemäß häufiger als bei jüngeren Menschen vorkommen. Außerdem zeigt sie, dass rund 5,2 Millionen Menschen (74,7 %), die unter einer Behinderung leiden 55 Jahre und älter sind. Dagegen fiel der Anteil der unter 25-Jährigen mit 4,0 % sehr gering aus.

Des Weiteren wird dargelegt, dass rund 25 % der schwerbehinderten Menschen unter einer sehr schweren Beeinträchtigung leiden. Bei rund 1,7 Millionen der Personen (24,9 %) wurde ein Grad der Behinderung von 100 % durch das Versorgungsamt festgestellt. Es wurde ermittelt, dass knapp die Hälfte aller Behinderten (3,2 Millionen) einen Grad der Behinderung (GdB) von maximal 60 % haben.

Die Statistik zeigt außerdem, dass die meisten Behinderten unter körperlichen Behinderungen (64,3 %) leiden. Dagegen klagen laut der Statistik auf der anderen Seite 18,9 % der Menschen an zerebralen Störung, geistigen- und / oder seelischen Behinderungen. Bei den übrigen Personen (16,8 %) war die Art der schwersten Behinderung nicht ausgewiesen.

Es wurde festgestellt, dass zum allergrößten Teil (82,3 %) der Fälle, die Behinderung durch eine Krankheit bzw. durch einen Unfall verursacht wurde. Nur bei rund 4,4 % der Behinderten ist die Behinderung angeboren.[5]

Zusammenfassend zeigt diese Statistik, dass hauptsächlich ältere Menschen an einer Behinderung leiden, welche häufig durch Krankheiten bzw. durch Unfälle verursacht wurde.

---

[4] *Statistisches Bundesamt* (2009): Statistik schwerbehinderter Menschen.

[5] *Statistisches Bundesamt* (2009): Statistik schwerbehinderter Menschen.

Die Gruppe der erwerbstätigen Behinderten ist in diesem Buch allerdings vorrangig zu betrachten, und wird im folgenden Gliederungspunkt 2.2 thematisiert.

2.2 Die wirtschaftliche Betrachtung von behinderten Menschen in Deutschland

Eine Statistik des Bundesamtes über die Anzahl der behinderten Erwerbstätigen aus dem Jahr 2009 weist darauf hin, dass es im Jahre 2005 insgesamt rund 1,948 Millionen behinderte Erwerbstätige gab.[6] Von den rund 6,9 Millionen behinderten Menschen in Deutschland sind im Umkehrschluss demnach 71,76 % der behinderten Menschen ohne Erwerbstätigung.

Folgende Graphik veranschaulicht diesen hohen Prozentsatz:

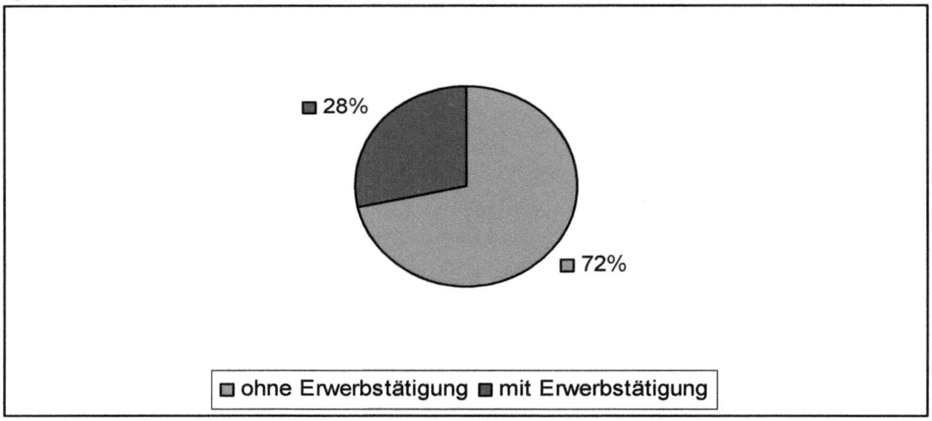

Abbildung 1: Arbeitsmarktsituation von Behinderten (2005)[7]

Diese Prozentzahl ist überproportional hoch, und kann womöglich durch eine besondere Förderung von behinderten Arbeitnehmern bzw. durch verschiedene Projekte innerhalb der Arbeitnehmerüberlassung angestrebt werden.

Der Anteil von Mitarbeitern mit Behinderung liegt in der Arbeitnehmerüberlassung jedoch aktuell noch weit unter der gesetzlich vorgeschriebenen Marke von 5%, gab der Integrationsfachdienst im Jahre 2007 kund.[8]

Laut Statistischem Bundesamt und Bundesagentur für Arbeit liegen keine aktuellen detaillierten Zahlen von behinderten Leiharbeitnehmern in der Zeitarbeit vor; auf alte Zahlen

[6] Eigene Darstellung; Quelle: *Statistisches Bundesamt* (2009): Statistik schwerbehinderter Menschen.

[7] EBENDA.

[8] *Informationsfachdienst (IFD) gGmbH*, Verstärkte Bemühungen im Bereich der Arbeitnehmerüberlassung.

kann ebenso nicht zurückgegriffen werden, weil genau diese noch nicht ausgewertet worden sind. In der nahen Zukunft sollen diese der Bundesagentur für Arbeit jedoch vorliegen (2010).[9]

2.2.1 Probleme arbeitsloser Schwerbehinderter

Für Unternehmen spielen hauptsächlich Unsicherheit und Irreversibilitäten bei der Erklärung der hohen und verfestigten Arbeitslosigkeit mit geringen Wiedereingliederungschancen vor allem von Behinderten eine Rolle.[10]

Das Hauptproblem stellt vor allem die verschiedenen Informationsdefizite bei der Auswahl neuer Mitarbeiter dar. Dabei ist besonders die Unsicherheit der potentiellen Arbeitgeber über die Leistungsfähigkeit der behinderten Arbeitnehmer ausschlaggebend. Auch die Unsicherheit auf den Gütermärkten kann zu einer geringen Einstellungsbereitschaft auf Seiten des Arbeitgebers führen, wenn die Möglichkeiten zur flexiblen Anpassung des Beschäftigungsstandes an die Auftragslage begrenzt sind.

Des Weiteren haben hohe Anpassungskosten zur Folge, dass bei einem Produktionsanstieg bevorzugt interne Anpassungsmaßnahmen durchgeführt werden, bevor zu einer Neueinstellung gegriffen wird. Ein direkter Zusammenhang zwischen Einstellungshemmnissen und der Arbeitslosigkeit von Behinderten könnte demnach bestehen.

Ungleiche Beschäftigungschancen von behinderten Erwerbspersonen und nicht behinderten Erwerbspersonen wären dann zu erwarten, wenn die genannten informationellen Einstellungshemmnisse für bestimmte Arbeitsmarktgruppen in stärkerem Maße zutreffen als für andere.

Weil Arbeitgeber sich bei der Suche und Auswahl neuer Mitarbeiter mit verschiedenen Informationsdefiziten konfrontiert sehen, kann die betriebliche Personalpolitik versuchen, im Rahmen von Screening-Verfahren die Unsicherheit bei der Einstellungsentscheidung zu reduzieren und Anhaltspunkte über die zu erwartenden Kosten und die Produktivität zu gewinnen. Von diesem Verfahren sind vor allem Schwerbehinderte stark negativ tangiert. Es ist zu vermuten, dass für behinderte Arbeitssuchende die Konsequenzen der Informationsprobleme in besonderem Maße negativ sind, weil der Behinderungsstatus ein leicht erkennbares Merkmal darstellt. Dieses Merkmal kann unter Umständen ein negatives Auswahlkriterium bei einer anstehenden Einstellung darstellen („screening devise“).[11]

Eine Ablehnung eines behinderten Bewerbers resultiert dann jedoch nicht aufgrund einer festgestellten mangelnden Eignung, sondern aufgrund von Unsicherheiten gegenüber der Personengruppe der Schwerbehinderten. Unternehmen vermuten häufig bei schwerbehinderten Arbeitsplatzbewerbern tatsächlich auf Produktionseinschränkungen zu stoßen, dürfte

[9] Auskunft von einem Mitarbeiter der Bundesagentur für Arbeit.

[10] *Winkler, A.*: Zeitarbeit für Behinderte, S. 68.

[11] *Winkler*, A.: Zeitarbeit für Behinderte, S. 70.

generell in der Tat größer sein, als bei anderen Arbeitssuchenden. In diesem Fall, dass behinderte Personen mit einer vergleichbaren Produktivität und gleichen Kosten wie nicht eingeschränkte Arbeitnehmer benachteiligt werden, würde eine direkte Diskriminierung gegenüber von behinderten Bewerbern vorliegen. So fließen bei einer diskriminierenden Einstellungsentscheidung folglich nicht nur objektive, sondern auch subjektive Kriterien mit in die Auswahl der Mitarbeiter ein.

Jedoch diskriminieren die Arbeitgeber die Gruppe der Behinderten nicht aufgrund ihrer Behinderteneigenschaft, sondern häufig aufgrund einer fehlenden Gewissheit über die Produktivität. Sie suchen Bewerber nicht aufgrund ihrer tatsächlichen, sondern aufgrund ihrer erwarteten Produktivität aus. Folglich werden behinderte Arbeitnehmer häufig wegen ihrer „unattraktiven" Merkmale abgelehnt, obwohl sie für die Arbeitsstelle geeignet wären.

Dieses Verhalten der Arbeitgeber ist sogar durchaus rational und nach-vollziehbar, hindert jedoch behinderte Menschen an der Integration auf dem Arbeitsmarkt. Die Vorgehensweise der Arbeitgeber ist hier die kostenminimierende Strategie, weil sie nur aufgrund zur Verfügung stehenden Informationen entscheiden können und eine weitere Informationsbeschaffung zusätzliche Kosten aufwerfen würde. Aufgrund fehlender Informationen können sowohl ungeeignete Kandidaten irrtümlicherweise eingestellt oder auch geeignete Bewerber fälschlicherweise abgelehnt werden. Dies gilt es zu vermeiden.

Im deutschen Behindertenrecht ist die Feststellung der Schwerbehinderteneigenschaft bzw. die Festsetzung das GdB nicht mit einer Aussage über die tatsächliche Arbeitsfähigkeit dieser Person verbunden. Selbst wenn sich eine Beeinträchtigung auch auf die Leistungsfähigkeit in der Arbeitswelt auswirkt, so muss dies nicht für jeden Arbeitsplatz gleichermaßen gelten.

Selbst wenn man nach den Schätzungen von Henninges ausgeht, dass rund drei viertel der arbeitslos gemeldeten Schwerbehinderten nicht oder nur sehr geringfügig in ihrer beruflichen Leistungsfähigkeit beeinträchtigt sind[12], geht die Personalpolitik der Unternehmen nicht in die richtige Richtung. Sollte sich eine Behinderung negativ auf die Leistungsfähigkeit des Arbeitnehmers auswirkt, heißt es nicht, dass diese Minderung für jeden Arbeitsplatz gleichermaßen gilt.

Zusammenfassend zeigt der Gliederungspunkt 2 der Arbeit, dass rund 2/3 der Behinderten in Deutschland ohne Erwerbstätigung sind, weil sie mit Vorbehalten, Vorurteilen oder Unwissenheit der Arbeitgeber konfrontiert werden. Ziel der Arbeitsmarktpolitik muss es sein, die Vorbehalte gegenüber behinderten Arbeitnehmern diese Arbeitgeber mit einer erhöhten Informations- und Aufklärungsarbeit zu reduzieren, um die Integration von Behinderten langfristig zu fördern.

---

[12] *Henninges, H.* (1997): Arbeitsmarktsituation und Merkmale von arbeitslosen Schwerbehinderten, Nürnberg, S. 29.

3 Die Stellung eines behinderten Leiharbeitnehmer in der gewerblichen Arbeitnehmerüberlassung

Die besondere Konstellation der gewerblichen Arbeitnehmerüberlassung ist in diesem Buch entsprechend zu erläutern, um die rechtlich geltenden Besonderheiten innerhalb der Arbeitnehmerüberlassung für behinderte Leiharbeitnehmer beschreiben zu können, und somit den Leser in die komplexe Thematik des Themas einzuführen.

Der Gliederungspunkt 3 der Arbeit gibt einen Überblick über die funktionale und rechtliche Stellung eines Behinderten in der gewerblichen Arbeitnehmerüberlassung. Er erläutert außerdem die verschiedenen Rechtsverhältnisse in dieser Konstellation und stellt die wirtschaftlichen Aspekte der Arbeitnehmerüberlassung dar.

3.1 Konzeptionelle Grundlagen der Arbeitnehmerüberlassung

3.1.1 Arbeitnehmerüberlassung als dreiseitiges Arrangement

In der Regel besteht zwischen einem Arbeitgeber und einem behinderten Arbeitnehmer aufgrund eines Dienstvertrages gem. § 611 I BGB ein zweiseitiges Arbeitsverhältnis. Bei der gewerblichen Arbeitnehmerüberlassung entsteht jedoch ein dreiseitiges Arrangement zwischen einem Zeitarbeitsunternehmen (Verleiher), dem Kundenunternehmen (Entleiher) und dem behinderten Arbeitnehmer (Leiharbeitnehmer).[13]

Kennzeichnend für dieses dreiseitige Verhältnis ist, dass der behinderte Leiharbeitnehmer von einem Zeitarbeitsunternehmen eingestellt wird, seine Arbeitsleistung jedoch für eine bestimmte Zeit in einem Kundenunternehmen verrichtet. Vertragliche Beziehungen bestehen daher sowohl zwischen dem Zeitarbeitsunternehmen und dem behinderten Leiharbeitnehmer, als auch zwischen dem Zeitarbeitsunternehmen und dem Kundenunternehmen.

In § 1 I des Arbeitnehmerüberlassungsgesetzes (AÜG) ist geregelt, dass „Arbeitgeber, die als Verleiher Dritten (Entleihern) Arbeitnehmer (Leiharbeitnehmer) gewerbsmäßig zur Arbeitsleistung überlassen wollen, […] der Erlaubnis [bedürfen]“. Genau diese Konstellation kann die betriebliche Nutzung der Zeitarbeit in bestimmten Situationen interessant machen, und womöglich eine Chance für Behinderte darstellen, sich auf dem Arbeitsmarkt zu integrieren.

Abzugrenzen ist die Arbeitnehmerüberlassung generell von der klassischen Arbeitsvermittlung, weil bei dieser keine arbeitsrechtliche Beziehung zwischen Arbeitsvermittler und dem von ihm vermittelten Arbeitnehmer besteht. Ebenso ist der eigene Personaleinsatz eines

---

[13] *Henssler Willemsen Kalb*, Arbeitsrecht Kommentar, 2. Auflage, Verlag Dr. Otto Schmidt, Köln, S. 416.

Unternehmers, sowie dritt bezogener Personaleinsatz von der gewerblichen Arbeitnehmerüberlassung zu separieren.[14]

Zu unterscheiden ist grundsätzlich auch die gewerbsmäßige Arbeitnehmerüberlassung und die nicht gewerbsmäßige Arbeitnehmerüberlassung, die nicht Gegenstand des Arbeitnehmerüberlassungsgesetzes ist. Die gewerbliche Arbeitnehmerüberlassung kann wiederum genehmigt oder ungenehmigt sein.[15] Die Begriffe Arbeitnehmerüberlassung, Zeitarbeit und Leiharbeit werden aus Vereinfachungsgründen in der folgenden Ausarbeitung stets als Synonym gebraucht.

3.1.2 Beteiligte Personen innerhalb der gewerblichen Arbeitnehmerüberlassung

Um die Funktionsweise der gewerblichen Arbeitnehmerüberlassung zu vervollständigen, werden nachfolgend die beteiligten Personengruppen vorgestellt:

Zeitarbeitsunternehmen (Verleiher)

Das Zeitarbeitsunternehmen schließt mit dem behinderten Leiharbeitnehmer einen Arbeitsvertrag und gilt demnach als rechtlicher Arbeitgeber. § 1 I AÜG normiert, dass innerhalb der gewerblichen Arbeitnehmerüberlassung derjenige Arbeitgeber ist, der Leiharbeitnehmer einem Entleiher (einem Dritten) gewerbsmäßig zur Arbeitsleistung überlässt.[16]

Als Arbeitgeber zählt grundsätzlich die Person, die aufgrund eines Arbeitsvertrages die Arbeitsleistung von einem Arbeitnehmer fordern kann und diesem im Gegenzug die entsprechende Vergütung schuldet. Zu beachten ist, dass ein Verleiher i.S.d. Gesetzes jedoch nur die Person ist, die selbständig handelt und beabsichtigt, aus einer fortgesetzt ausgeübten Überlassung von Arbeitnehmern einen wirtschaftlichen Vorteil zu ziehen.[17] Für die legale Vermittlung von Leiharbeitnehmern benötigt das Verleihunternehmen gem. § 1 I S. 1 AÜG eine entsprechende Erlaubnis der Bundesagentur für Arbeit.

Behinderter Arbeitnehmer (Leiharbeitnehmer)

Der allgemeine Arbeitnehmerbegriff ergibt sich aus der Literatur und aus der Rechtsprechung und ist bis heute nicht gesetzlich genau definiert. In der Literatur wir immer noch an

---

[14] *Müller-Glöge, R./Preis, U./Schmidt, I.* (2008): Erfurter Kommentar zum Arbeitsrecht, 8. Aufl., München: Verlag C.H. Beck, S. 631.

[15] *Müller-Glöge, R./Preis, U./Schmidt, I.*: Erfurter Kommentar zum Arbeitsrecht, S. 632.

[16] Vgl. AÜG (2004) § 1 I.

[17] *Urban-Crell, S./Schulz, C.*(2003): Arbeitnehmerüberlassung und Arbeitsvermittlung. 1. Aufl., München: Verlag C.H. Beck., S. 3 und S. 20 ff..

die Definition von *Alfred Hueck* angeknüpft: „Arbeitnehmer sind die aufgrund privatrechtlichen Vertrages im Dienst eines anderen zur Arbeit verpflichtete Personen“.[18]

Maßgeblich hierbei ist vor allem die persönliche Abhängigkeit des Arbeitnehmers. Es ist möglich, dass die Arbeitsleistung des Arbeitnehmers räumlich innerhalb, oder auch außerhalb des Betriebes geleistet wird.

Der Anwendungsbereich des AÜG erstreckt sich gem. § 1 I S. 1 AÜG ausschließlich auf den Verleih von Arbeitnehmern. Das Gesetz legt den allgemeinen Arbeitnehmerbegriff zugrunde, der sich vor allem durch den Grad der persönlichen Abhängigkeit auszeichnet. Dies bedeutet, dass die Art, die Dauer und der Ort der Tätigkeit des Arbeitnehmers durch den Arbeitgeber vorgegeben werden.[19]

Ferner gelten mittelbar Beschäftigte, die eben nicht vom Arbeitgeber selbst, sondern von einer Zwischenperson (Zeitarbeitsunternehmen) eingestellt sind, als Arbeitnehmer im Betrieb dieser Person.[20] Für die Arbeitnehmerüberlassung bedeutet dies, dass der behinderte Leiharbeitnehmer sowohl in dem Betrieb des Verleihers, als auch in dem Betrieb des Entleihers unter den allgemeinen Arbeitnehmerbegriff fällt.

Kundenunternehmen (Entleiher)

Das Kundenunternehmen setzt den ihm überlassenen behinderten Leiharbeitnehmer entsprechend seiner betrieblichen Zielvorgaben wie sein eigenes Personal ein.

Das AÜG bezeichnet den Entleiher in § 1 I AÜG als „Dritten“, um zum Ausdruck zu bringen, dass zwischen Entleiher und Arbeitnehmer keine vertragliche Bindung besteht. Der Entleiher ist dem behinderten Leiharbeitnehmer gegenüber weisungsbefugt, muss im Gegenzug dazu jedoch die gesetzlichen Schutzvorschriften einhalten.[21]

3.2 Gesetzliche Grundlagen der Arbeitnehmerüberlassung

Aufgrund der speziellen Konstellation in der Zeitarbeit hat der Gesetzgeber für die Arbeitnehmerüberlassung eine Reihe besonderer Regeln geschaffen, um vorrangig eine Schlechterstellung eines Leiharbeitnehmers vorzubeugen. Diese werden im Folgenden vorgestellt:

---

[18] Hueck/Nipperdey (1972): Lehrbuch des Arbeitsrechts, 1. Aufl., S. 33.

[19] Urban-Crell, S./Schulz, C.: Arbeitnehmerüberlassung und Arbeitsvermittlung, S. 5.

[20] BAG vom 09.04.1957, AP Nr. 2 zu § 611 BGB.

[21] *Henssler Willemsen Kalb*, Arbeitsrecht Kommentar, S. 416 ff..

3.2.1 Geltungsbereich und Aufgaben des Arbeitnehmerüberlassungsgesetzes (AÜG)

Die Rechtsgrundlagen für eine rein inländische Arbeitnehmerüberlassung ergeben sich aus dem Recht der Europäischen Gemeinschaft (EG), aus dem Grundgesetz (GG) und insbesondere aus dem AÜG, welches die Rechtsgrundlage im einfachen Recht darstellt.[22] Seine Bestimmungen sollen die illegalen Fälle der Überlassung von Arbeitnehmern bekämpfen und somit den arbeits- und sozialversicherungsrechtlichen Schutz der überlassenen Leiharbeitnehmer sicherstellen.

Das AÜG hat seit dem erstmaligen Inkrafttreten im Jahr 1972 einige Änderung erfahren, und sich stetig so an die sich verändernden Situationen auf dem Arbeitsmarkt angepasst.

Ursprünglich verfolgte das AÜG die Intention, die Tätigkeit der Arbeitnehmerüberlassung definitionsgemäß und rechtlich von der Arbeitsvermittlung abzugrenzen und somit die weitreichende Monopolstellung der öffentlichen Arbeitsvermittlung abzusichern. Außerdem sollte durch dieses Gesetz ein sozialer Mindestschutz für die Leiharbeitnehmer garantiert werden und die Gefahr der Abwälzung des Beschäftigungsrisikos auf die Leiharbeitnehmer limitieren.[23]

Das Arbeitnehmerüberlassungsgesetz lässt sich in den räumlichen, den persönlichen und den sachlichen Geltungsbereich einteilen.

Der räumliche Geltungsbereich des AÜG ist durch das Territorialprinzip auf das Gebiet der Bundesrepublik Deutschland beschränkt.

Der persönliche Geltungsbereich des AÜG umfasst eine Rechtsbeziehung, an der ein Arbeitgeber als Verleiher, ein Arbeitnehmer dieses Verleihers und ein Entleiher beteiligt sind. Gem. § 1 I S. 1 AÜG erstreckt sich der Anwendungsbereich demnach ausschließlich auf den Verleih von Arbeitnehmern.

Schließlich sieht der sachliche Geltungsbereich des AÜG vor, dass das Gesetz die gewerbliche Arbeitnehmerüberlassung und nicht sonstige Formen eines drittbezogenen Personaleinsatzes betrifft.

3.2.2 „Equal-Treatment-Prinzip“ bei der Arbeitnehmerüberlassung

Neben dem Anwendungsbereich des AÜG sind innerhalb der Arbeitnehmerüberlassung weitere Sondervorschriften zu beachten.

Seit dem 01. Januar 2004 gilt in der Bundesrepublik grundsätzlich das Prinzip des „Equal Treatment“, durch welches Nachteile der Leiharbeitnehmer innerhalb der gewerblichen Arbeitnehmerüberlassung abgeschafft werden sollen.

---

[22] *Müller-Glöge, R./Preis, U./Schmidt, I.*: Erfurter Kommentar zum Arbeitsrecht, S. 629.

[23] *Winkler, A.*: Zeitarbeit für Behinderte, S. 111.

Der sog. Gleichstellungsgrundsatz ist in § 3 I Nr. 3 AÜG sowie in § 9 Nr. 2 AÜG normiert.[24] Es ist gesetzlich vorgesehen, dass der Verleiher dem Arbeitnehmer für die Überlassungszeit die im Kundenunternehmen geltenden wesentlichen Arbeits- und Entgeltbedingungen gewährt. Das heißt, dass der Verleiher dem Leiharbeitnehmer das übliche Gehalt des Kundenunternehmens, sowie auch sonstige dort geltende Arbeitsbedingungen gewähren muss. Darunter sind i.S.d. § 9 Nr. 2 AÜG Arbeitsentgelt, Urlaub, Arbeitszeit und die Nutzung sozialer Einrichtungen zu verstehen. Dies bedeutet also, dass ein behinderter Leiharbeitnehmer die gleichen Rechte in dem Kundenunternehmen hat, wie dort fest angestellte behinderte Arbeitnehmer, und dass er nicht schlechter gestellt werden darf als jene.

Vom Prinzip des „**Equal Treatment**" kann grundsätzlich jedoch in drei Fällen abgewichen werden:

Einem zuvor arbeitslosen Leiharbeitnehmer kann das Zeitarbeitsunternehmen für einen Zeitraum von höchstens sechs Wochen ein Nettoarbeitsentgelt mindestens in Höhe des Betrages zahlen, den der Leiharbeitnehmer zuletzt als Arbeitslosengeld erhalten hat. Nicht erforderlich ist, dass der Arbeitnehmer unmittelbar vor seiner Einstellung Arbeitslosengeld I bezogen hat, auch der Bezug von Arbeitslosengeld II oder eine Arbeitslosigkeit ohne Leistungsbezug genügen für die Anwendbarkeit des § 9 Nr. 2 AÜG. Ebenso spielt die Dauer der vorherigen Arbeitslosigkeit keine Rolle.

Des Weiteren kann ein geschlossener Arbeitsvertrag von vornherein zwischen Einsatzzeiten und Nichteinsatzzeiten des Leiharbeitnehmers unterscheiden, da sich das Gesetz gem. § 3 I Nr. 3 AÜG nur auf die Zeit der Überlassung bezieht. Dieser Arbeitsvertrag mit seinen Arbeitsbedingungen wird individuell zwischen Verleiher und Leiharbeitnehmer geschlossen. Jedoch wird der Individualität der Verträge die Grenzen der Sittenwidrigkeit und des Lohndumping gem. § 138 BGB gesetzt.

Ebenso ist das Zeitarbeitsunternehmen von der Verpflichtung zur Gleichstellung befreit, wenn es einen Tarifvertrag mit abweichenden Regelungen anwendet, der gem. § 3 I Nr. 3 S. 2 AÜG und im Umkehrschluss zu § 19 AÜG nach dem 15.11.2002 in Kraft getreten ist und die wesentlichen Arbeitsbedingungen für Leiharbeitsverhältnisse regelt. Vereinbarungen zwischen Zeitarbeitsunternehmen und Leiharbeitnehmern, die für die Zeit der Überlassung weder die im Betrieb des Kunden geltenden Bedingungen vorsehen, noch die Regelungen eines Tarifvertrags zur Anwendung bringen, sind gem. § 9 Nr. 2 AÜG unwirksam und führen zu einer Versagung der Verleiherlaubnis (§ 3 I AÜG).

In der Praxis ist die Durchführung des „Equal Treatment-Prinzips" schwer umsetzbar, da die Zeitarbeitsunternehmen in der Regel auf die gesetzlichen Ausnahmemöglichkeiten, insbesondere auf abweichende Tarifverträge, zurückgreifen.[25]

---

[24] *Henssler Willemsen Kalb*, Arbeitsrecht Kommentar, S. 416 ff..

[25] *Schwarzkopf, B./Schöne* (2004): Zeitarbeit und ArbeitnehmerüberlassungsG – Neuregelung und Kommentierung zum Arbeitnehmerüberlassungsgesetz, 2. Aufl., BDA, S. 43 f..

3.2.3 Rechtsbeziehungen innerhalb der Arbeitnehmerüberlassung

Durch das bereits erwähnte Dreiecksverhältnis (3.1.1.) entstehen innerhalb der Arbeitnehmerüberlassung drei verschiedene Rechtsbeziehungen, die im Folgenden skizziert und erläutert werden sollen.

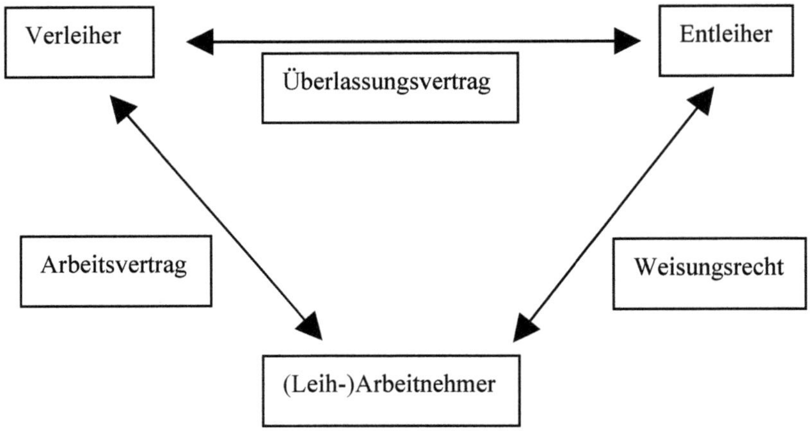

Abbildung 2: Das Dreiecksverhältnis innerhalb der Arbeitnehmerüberlassung[26]

Rechtsverhältnis zwischen Verleiher und Entleiher

Der Arbeitnehmerüberlassungsvertrag, durch den sich der Verleiher gegenüber dem Entleiher verpflichtet, einen Arbeitnehmer zur Verfügung zu stellen, ist ein Vertrag eigener Art als Unterfall des Dienstverschaffungsvertrages und bedarf gem. § 12 I S. 1 AÜG der Schriftform.[27]

Außerdem muss der Entleiher in einer Urkunde gem. § 12 I S. 3 AÜG angeben, welche wesentlichen Arbeitsbedingungen in seinem Unternehmen gelten. Durch die Überlassung behinderter Leiharbeitnehmer gem. § 1 I AÜG verpflichtet sich der Verleiher lediglich auf die entgeltliche Überlassung der Arbeitskraft und nicht zur Erbringung einer eigenen Arbeitsleistung. Sollte der Verleiher keinen geeigneten Arbeitnehmer übermitteln, so gerät er gegenüber dem Entleiher in Verzug und würde gem. § 280 I, III, § 283 I BGB für den Ausfall haften. Der Verleiher trägt demnach das Ausfallrisiko und haftet auch ohne eigenes Verschulden gem. § 276 I BGB.[28]

Auf der anderen Seite verpflichtet sich der Entleiher, eine Vergütung für die Arbeitnehmerüberlassung zu entrichten. Von dieser Verpflichtung wird er nicht befreit, sollte er keine

---

[26] Eigene Darstellung der Konstellation innerhalb der Arbeitnehmerüberlassung; vgl. § 1 AÜG.

[27] *Müller-Glöge, R./Preis, U./Schmidt, I.*: Erfurter Kommentar zum Arbeitsrecht, S. 632.

[28] *Müller-Glöge, R./Preis, U./Schmidt, I.:* Erfurter Kommentar zum Arbeitsrecht, S. 632.

Einsatzmöglichkeit für den Arbeitnehmer bereitstellen können. Des Weiteren ist der Entleiher verpflichtet in seinem Betrieb die geltenden Arbeitsschutzvorschriften einzuhalten.

Das Arbeitnehmerüberlassungsverhältnis endet in der Regel mit Ablauf der vorgesehenen Frist, so dass üblicherweise eine ordentliche Kündigung nicht stattfindet. Jedoch ist gem. § 314 BGB eine außer-ordentliche Kündigung, sowie ein Rücktritt gem. § 323 I BGB in Fällen des Verzuges oder der Schlechterfüllung möglich.

Rechtsverhältnis zwischen Verleiher und behindertem Leiharbeitnehmer

In dieser Konstellation besteht ein rechtliches Arbeitsverhältnis zwischen Verleiher und behindertem Leiharbeitnehmer.

Abweichend von diesem Arbeitsverhältnis ist der behinderte Leiharbeitnehmer jedoch im Betrieb des Entleihers tätig und schuldet ihm seine Arbeitsleistung. Der Verleiher schuldet dem Leiharbeitnehmer eine entsprechende Vergütung für seine Tätigkeit im Betrieb des Entleihers, die auch gem. § 611, 615 BGB dann zu zahlen ist, wenn der Verleiher den Leiharbeitnehmer nicht einsetzen kann. Im Falle eines Verzuges der Zahlung, kann der Leiharbeitnehmer seine Arbeitsleistung nach § 320 BGB zurückhalten und ferner nach § 280 I, III, 281 BGB Schadensersatz geltend machen. Mögliche Ansprüche des Verleihers gegen den behinderten Arbeitnehmer können sich ebenso aus § 280 I, III BGB, § 282 BGB und aus unerlaubter Handlung (§§ 823 ff. BGB) ergeben.[29]

Grundsätzlich ist eine Kündigung eines Leiharbeitnehmers als ordentliche Kündigung oder als außerordentliche Kündigung gem. § 626 BGB möglich. Die Fristen für eine ordentliche Kündigung ergeben sich hierbei aus § 622 BGB. Besonderheiten bestehen allerdings für die Kündigungsfristen behinderter Leiharbeitnehmer, auf die im Punkt 5.1.10 des Buches genauer eingegangen wird.

Rechtsverhältnis zwischen Entleiher und behindertem Leiharbeitnehmer

Ein Arbeitsverhältnis zwischen Entleiher und behindertem Leiharbeiter besteht wie oben bereits erläutert nicht. Dennoch hat der Entleiher gegenüber dem behinderten Leiharbeitnehmer gewisse Arbeitgeber-rechte- und pflichten, wie auch der behinderte Leiharbeitnehmer gegenüber dem Entleiher Arbeitnehmerrechte- und pflichten hat.

Überwiegend wird die Ansicht vertreten, dass zwischen Entleiher und Leiharbeitnehmer ein Schuldverhältnis ohne primäre Leistungspflichten besteht.[30] Dadurch, dass sich der Leiharbeitnehmer gegenüber dem Verleiher verpflichtet, für den Entleiher zu arbeiten, besteht ein unechter Vertrag zu Gunsten Dritter. Demnach hat der Entleiher keinen vertraglichen Anspruch gegenüber dem Leiharbeitnehmer auf Arbeitsleistung, hat jedoch er gegenüber dem Leiharbeitnehmer Direktions- und Weisungsrechte.

---

[29] *Müller-Glöge, R./Preis, U./Schmidt, I.:* Erfurter Kommentar zum Arbeitsrecht, S. 634.

[30] *Müller-Glöge, R./Preis, U./Schmidt, I.:* Erfurter Kommentar zum Arbeitsrecht, S. 635.

Im Falle der Nichterfüllung haftet der Leiharbeitnehmer dem Entleiher ebenso nach §§ 280 I, III, 283 BGB. Ist eine verspätete Leistung möglich oder kann die Leistung noch zu einem späteren Zeitpunkt erbracht werden, so ist die Haftung gem. §§ 280 I, III, 286 BGB geregelt. Bei Schlechterfüllung ergeben sich die Ansprüche des Entleihers gegenüber dem Leiharbeitnehmer aus § 280 BGB und evtl. aus unerlaubter Handlung.

Auf der anderen Seite hat ebenso der behinderte Leiharbeitnehmer gegenüber dem Entleiher Ansprüche. Der Entleiher ist verpflichtet, besondere Arbeitsschutzvorschriften einzuhalten. Sollte der Leiharbeitnehmer körperliche Schäden erleiden, so sind Ansprüche gegen den Entleiher oder gegen die Angestellten des Entleihers nach §§ 104 ff. SGB VII jedoch beschränkt. Sollte der Leiharbeitnehmer einen Sachschaden durch das Verschulden des Entleihers erlangen, so haftet der Entleiher wegen Verletzung der Fürsorgepflicht. Analog haftet der Entleiher für einen Sachschaden eines Leiharbeitnehmers gem. § 670 BGB, ohne dass ihn ein Verschulden trifft. Der Überlassungsvertrag zwischen Verleiher und Entleiher endet grundsätzlich mit der vorher beschlossenen Überlassungsfrist und bedarf keiner Kündigung.[31]

3.2.4 Betriebsverfassungsrechtliche Auswirkungen auf einen behinderten Leiharbeitnehmer

Die Regelungen des Arbeitnehmerüberlassungsgesetzes (AÜG) haben verschiedene Einflüsse auf das Betriebsverfassungsrecht.

Die Arbeitnehmerüberlassung wird insbesondere durch eine Aufspaltung der Arbeitgeberrechte gekennzeichnet, da das Arbeitsverhältnis zwischen Verleiher und Leiharbeitnehmer besteht, der Leiharbeitnehmer aber hauptsächlich im Betrieb des Entleihers tätig wird, der gleichzeitig gewisse Arbeitgeberfunktionen (z.B. Schutzvorschriften) ausübt.

Ursprünglich enthielt das Arbeitnehmerüberlassungsgesetz keine konkreten Bestimmungen über die betriebsverfassungsrechtliche Stellung eines Leiharbeitnehmers, obwohl für diese eine besondere Situation besteht. Durch die Einführung des § 14 II, III AÜG hat sich dies jedoch weitestgehend geändert. Ziel des § 14 AÜG ist es, die bisherigen Ergebnisse der Rechtssprechung zur betriebsverfassungsrechtlichen Stellung eines Leiharbeitnehmers in Gesetzesform zu bringen[32], um so mögliche Unstimmigkeiten zu minimieren.

Betriebsverfassungsrechtliche Stellung eines behinderten Leiharbeitnehmers im Verleiherbetrieb

Der § 14 I AÜG stellt eindeutig klar, dass ein behinderter Leiharbeitnehmer in betriebsverfassungsrechtlicher Hinsicht grundsätzlich dem Betrieb des Verleihers angehört. „Leiharbeitnehmer bleiben auch während der Zeit ihrer Arbeitsleistung bei einem Entleiher Ange-

---

[31] *Müller-Glöge, R./Preis, U./Schmidt, I.:* Erfurter Kommentar zum Arbeitsrecht, S. 634.

[32] *Müller-Glöge, R./Preis, U./Schmidt, I.:* Erfurter Kommentar zum Arbeitsrecht, S. 687.

hörige des entsendenden Betriebs des Verleihers.“[33] Da das Arbeitsverhältnis eines Leiharbeitnehmers zwischen ihm und dem Betrieb des Verleihers existiert und dort auch die tatsächliche Eingliederung in die betriebliche Organisation erfolgt, gilt der Leiharbeitnehmer als Angehöriger des Verleiherbetriebes.

Es gilt demnach, dass der behinderte Leiharbeitnehmer während der Zeit seiner Arbeitsleistung in einem Entleiherbetrieb, in betriebsverfassungsrechtlicher Sicht Angehöriger des Verleiherbetriebes bleibt, und dort seine betriebsverfassungsrechtlichen Rechte grundsätzlich in vollem Umfang geltend machen kann. Somit stehen einem behinderten Leiharbeitnehmer in einem Verleiherbetrieb sämtliche betriebsverfassungsrechtlichen Rechte zu.

Betriebsverfassungsrechtliche Stellung des behinderten Leiharbeitnehmers im Entleiherbetrieb

Wie bereits unter Punkt 3.2.4. erläutert, nimmt die Literatur und die Rechtsprechung eine allgemeine Betriebszugehörigkeit eines Leiharbeitnehmers in dem Verleiherbetrieb an, so dass zu prüfen ist, ob eine zusätzliche betriebsverfassungsrechtliche Zugehörigkeit des Leiharbeitnehmers in dem Betrieb des Entleihers möglich ist.

Zu klären ist folglich, ob ein behinderter Leiharbeitnehmer betriebs-verfassungsrechtlich ausschließlich dem Betrieb des Verleihers zugeordnet wird, oder ob eine parallele Betriebszugehörigkeit im Entleiherbetrieb in Betracht kommen kann.

Im Gegensatz zu der Ansicht, dass ein Leiharbeitnehmer betriebs-verfassungsrechtlich alleine dem Verleiherbetrieb zugeordnet wird, steht die abweichende Auffassung einer doppelten Betriebszugehörigkeit des Leiharbeitnehmers.

Nach dieser Auffassung würde der Leiharbeitnehmer sowohl dem Verleiherbetrieb, als auch dem Entleiherbetrieb betriebsverfassungs-rechtlich angerechnet werden.

Grundsätzlich sind Leiharbeitnehmer bei der Ermittlung der Unternehmensgröße des Entleiherbetriebs ebenso zu berücksichtigen, wenn sie auf Arbeitsplätzen, die regelmäßig im Unternehmen bestehen, eingesetzt werden.[34] Leiharbeitnehmer sollen demnach der festen Belegschaft gem. § 75 BetrVG gleichgestellt sein und müssen durch die geltenden Betriebsvereinbarungen gem. § 77 BetrVG erfasst werden. Dies ergibt sich aus der weit gedehnten Auslegung des Arbeitnehmerbegriffes aus § 77 I BetrVG. Der Paragraph verlangt, dass „Arbeitgeber und Betriebsrat […] darüber zu wachen [haben], dass alle im Betrieb tätigen Personen nach den Grundsätzen von Recht und Billigkeit behandelt werden […]“.[35] Dem Wortlaut nach würden auch Leiharbeitnehmer betriebsverfassungsrechtlich gewürdigt werden, weil sie in Zeiten der Überlassung für den Entleiherbetrieb tätig sind.

---

[33] Vgl. AÜG § 14 I.

[34] *Urban-Crell, S./Schulz, C.(2003)*: Arbeitnehmerüberlassung und Arbeitsvermittlung, S. 244.

[35] Vgl. BetrVG § 77 I.

Außerdem spricht für eine betriebsverfassungsrechtliche Zuordnung des Leiharbeitnehmers zum Entleiherbetrieb, dass dort das Schutzbedürfnis eines Leiharbeitnehmers mit dem eines Arbeitnehmers der Stammbelegschaft vergleichbar ist und welches unabhängig einer vertraglichen Verbindung besteht.

Für die Wahrnehmung der allgemeinen Aufgaben gem. § 80 BetrVG, besonders zur Wahrung der Arbeitnehmerschutzvorschriften, ist der Entleiherbetrieb zuständig, soweit diese allein an die Tätigkeiten des Leiharbeitnehmers im Entleihbetrieb anknüpfen.

Die betriebsverfassungsrechtliche Stellung eines Leiharbeitnehmers im Entleiherbetrieb wird in § 14 II-IV AÜG geregelt, indem besondere Mitwirkungs- und Beschwerderechte wie etwa das Anhörungs- und Erörterungsrecht aus § 82 I BetrVG dem Leiharbeitnehmer zugesprochen bzw. das passive Wahlrecht zum Betriebsrat ausdrücklich ausgeschlossen wird. Demnach sind Leiharbeitnehmer gem. § 7 S. 2 BetrVG aktiv wahlberechtigt, können jedoch gem. § 14 II S. 1 AÜG nicht wählbar sein.

In dem im Wege einer Reform aus dem Jahre 2001 eingefügten § 7 S. 2 BetrVG wird dem Leiharbeitnehmer nach drei Monaten Überlassungsdauer das aktive Wahlrecht zum Betriebsrat ermöglich. Diese lässt eindeutig auf eine nicht vorhandene betriebsverfassungsrechtliche Angehörigkeit des Leiharbeitnehmers in dem Betrieb des Entleihers schließen.

Fraglich ist jedoch, ob das AÜG durch diese Regelung in § 14 II – IV AÜG einen abschließenden Katalog aufgeführt hat.

Dies ist nicht der Fall, denn nach dem Willen des Gesetzgebers sollte ein Spielraum zur Ausgestaltung der Mitwirkungs- und Mitbestimmungsrechte verbleiben.[36] Genau durch diese Sonderregelungen möchte der Gesetzgeber der Sondersituation der Leiharbeitnehmer Rechnung tragen. Ein bestimmtes Recht aus der Betriebsverfassung kann ein Leiharbeitnehmer demnach im Entleiherbetrieb nur wahrnehmen, wenn es ihm ausdrücklich eingeräumt wird oder der Schutzzweck der Betriebsverfassung dies vorsieht.

Diese Auffassung vertritt auch das BAG, welches entschieden hat, dass Leiharbeitnehmer bei der Betriebsgröße nicht mitgezählt werden.[37]

Zusammenfassend lässt sich sagen, dass die Ansicht der Doppelanrechnung nach herrschender Meinung abzulehnen ist. Eine betriebs-verfassungsrechtliche Zuordnung des Leiharbeitnehmers besteht demnach ausschließlich zum Betrieb des Verleihers, welches sich vor allem aus dem Wortlaut des § 7 BetrVG ergibt. Dort wird zwischen „Arbeitnehmern des Betriebes“ und Arbeitnehmern „eines anderen Arbeitgebers, [die] zur Arbeitsleistung überlassen [werden]“, differenziert.

---

[36] BAG, Urteil vom 15.12.1992 AP AÜG § 14 Nr. 7

[37] BAG, Urteil vom 16.04.2003 – 7 ABR 53/02.

Das Argument des Schutzbedürfnisses der Leiharbeitnehmer ist durch die Einführung des Gleichstellungsgrundsatzes hinreichend Rechnung getragen.

Des Weiteren ist die Aufzählung in § 14 II-IV AÜG nicht abschließend, so dass sich daneben noch weitere Mitwirkungs- und Mitbestimmungs-rechte im Entleiherbetrieb ergeben können.

Durch die Regelung des § 14 II-IV AÜG soll der Leiharbeitnehmer lediglich „betriebsverfassungsrechtlich" aus der Randbelegschaft an die Stammbelegschaft herangeführt werden, ohne dass er jedoch in rechtlich unzutreffender Weise betriebsverfassungsrechtlich als Arbeitnehmer des Entleiherbetrieb eingestuft wird.

Ein weiterer Anhaltspunkt gegen die Auffassung einer doppelten Anrechnung ist die Zuständigkeit für eine Entscheidungsmacht hinsichtlich der Regelung über eine mitbestimmungspflichtige Angelegenheit. Die Festlegung des Einsatzortes, der vergütungspflichtige Beginn und des Endes der Arbeitszeit liegen in der Entscheidungskompetenz des Verleihers und betreffen mithin den Zuständigkeitsbereich des dortigen Betriebsrates und nicht des Betriebsrates beim Entleiherbetrieb.[38]

Demnach lässt sich sagen, dass innerhalb der Arbeitnehmerüberlassung ein behinderter Leiharbeitnehmer betriebsverfassungs-rechtlich dem Verleiherbetrieb zugerechnet wird, er aber Mitwirkungs- und Beschwerderechte in dem Betrieb des Entleihers zugesprochen bekommt.

Behinderte Leiharbeitnehmer zählen demnach nicht zu den Arbeitnehmern im Sinne des § 9 BetrVG.

3.3 Die wirtschaftliche Betrachtung der gewerblichen Arbeitnehmerüberlassung

Neben den rechtlichen Aspekten der Arbeitnehmerüberlassung werden im Gliederungspunkt 3.3 die wirtschaftlichen Auswirkungen der Arbeitnehmerüberlassung beschrieben.

3.3.1 Entwicklung und Statistiken der gewerblichen Arbeitnehmerüberlassung

Die aktuelle Wirtschaftskrise macht sich in den Statistiken der Bundesagentur für Arbeit negativ bemerkbar. In der momentanen Wirtschaftslage, ist es für Unternehmen von höchster Bedeutung, flexibel auf dem Markt zu agieren. Viele Unternehmen setzten daher auf die Arbeitnehmerüberlassung, um vorerst keine verbindlichen Arbeitsverträge abschließen zu müssen. Insgesamt ist jedoch in Deutschland ein Rückgang der Arbeitslosenzahlen in den letzten fünf Jahren zu verzeichnen.

---

[38] LAG Mecklenburg-Vorpommern, Urteil vom 29.02.2008, AZ 3 TaBV 12/07.

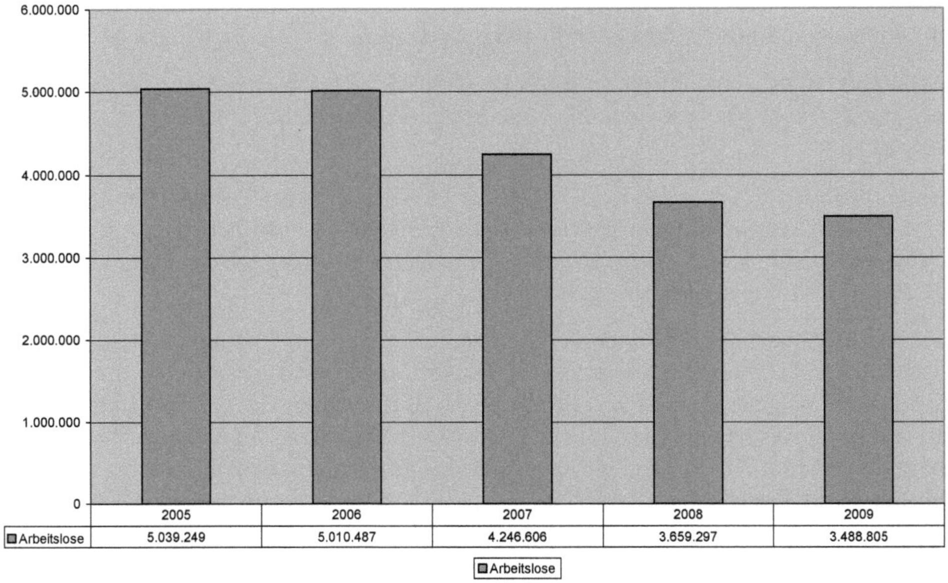

Abbildung 3: Arbeitslosenzahlen in Deutschland von 2005-2009[39]

Die Bundesagentur für Arbeit gab kund, dass jedoch die Beschäftigungszahlen in den unternehmensnahen Dienstleistungen anstiegen, die wiederum von den Arbeitnehmerüberlassungen beeinflusst werden.

Gerade in den letzten Jahren erlebte die Arbeitnehmerüberlassungsbranche einen gewaltigen Aufschwung. Immer mehr Unternehmen erkennen die Vorteile der Verwendung von Fremdpersonal – sie erkennen die Flexibilisierung von Arbeitskräften und die Kostensenkungspotentiale durch die Arbeitnehmerüberlassung.

Durch Deregulierungsmaßnahmen und den gesamtwirtschaftlichen Aufschwung expandiert die Leiharbeitsbranche seit Jahren mit konstanten Zuwachsraten.

Die jüngste Hochrechnung des IW Zeitarbeitsindex zeigt, dass im Juni 2008 635.000 Mitarbeiter bei den gewerblichen Zeitarbeitsunternehmen beschäftigt waren. Im Juni 2007 betrug die Anzahl nur 630.242 Beschäftige, was einen Anstieg von rund 0,7 % zum Vorjahr bedeutet.[40]

---

[39] Eigene Darstellung; Quelle: *Landesdatenbank NRW,* Arbeitsmarktstatistik der Bundesagentur für Arbeit, 2009.

[40] *Bundesverband Zeitarbeit Personal-Dienstleistungen e.*V. (2008): Zeitarbeitsindex – aktuelle Ergebnisse.

Nach wie vor profitieren hauptsächlich Langzeitarbeitslose von der Arbeitnehmerüberlassung. Die Bundesagentur für Arbeit gab bekannt, dass rund 68 % der Neueinstellungen zuvor Langzeitarbeitslose gewesen seien. Jedoch wechselten auf der anderen Seite auch insgesamt 22,4 % aus einer Festanstellung in die Leiharbeit. Gerade auch Langzeitarbeitslose haben die mögliche Chance der Leiharbeit erkannt, so dass 16,2 % von ihnen ein Leiharbeitsverhältnis eingegangen sind. Von der Gesamtheit der Leiharbeitnehmer waren zuvor 66,8 % nicht in einem festen Arbeitsverhältnis.[41] Sie versuchen mittels der Zeitarbeit kurzfristig auf dem Arbeitsmarkt tätig zu werden.

Nachfolgende Grafik zeigt den Mittelwert der Beschäftigungsdauer von Leiharbeitnehmern bei einem Kundenunternehmen in Monaten.

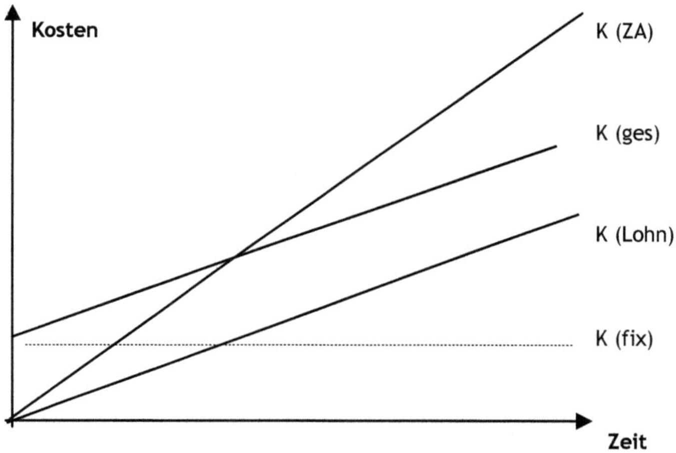

K (ZA): Kosten der Zeitarbeit
K (ges): Gesamtkosten bei Einstellung
K (Lohn): Variable Kosten bei Einstellung
K (fix): Fixe Kosten bei Einstellung

Abbildung 4: Kumulierte Kosten der Zeitarbeit vs. Neueinstellung[42]

Die Grafik veranschaulicht, dass bei einer längeren Beschäftigungsdauer die Neueinstellung gegenüber der Arbeitnehmerüberlassung in der Regel vorzuziehen ist. Die Kostenvorteile der Arbeitnehmerüberlassung lassen sich jedoch deutlich aufzeigen, je kürzer die Einsatzdauer des Leiharbeitnehmers ist. In dieser Variante fallen die Ersparnisse durch die Externalisierung der Transaktionskosten am meisten ins Gewicht.[43]

---

[41] *Bundesverband Zeitarbeit Personal-Dienstleistungen e.V.* (2008): Zeitarbeit ist Integrations- und Flexibilitätsfaktor.

[42] Eigene Darstellung: Quelle: *Winkler, A.*: Zeitarbeit für Behinderte, S. 127.

[43] *Winkler, A.*: Zeitarbeit für Behinderte, S. 127.

Auch bei der Nutzung der Zeitarbeit als Rekrutierungsinstrument spielt also die Übernahme von Transaktionskosten einerseits und die Übernahme von Risiken andererseits eine große Rolle. Fraglich ist jedoch, ob die Arbeitnehmerüblassung über den „Klebeeffekt“ hinaus als Eingliederungsinstrument für behinderte Arbeitnehmer von originärem Interesse sein kann.

Behinderten Arbeitnehmer wird häufig eine längere Einarbeitungsphase an einem Arbeitsplatz nachgesagt. Dieses Vorurteil auf Seiten der Unternehmen stellt ein Problem innerhalb der Arbeitnehmerüberlassung dar. Wie oben gesehen, ist die Arbeitnehmerüberlassung für kurze Einsätze kosteneffizient. Gerade für diese kurzen Einsätze in der Zeitarbeit fällt es Unternehmen jedoch aufgrund ihrer Informationsdefizite schwer, behinderte Arbeitnehmer zu beschäftigen.

Demnach ist zu vermuten, dass dem Erprobungsmotiv bei der Nutzung von Zeitarbeit im Rahmen betrieblicher Rekrutierungsstrategien die größte Bedeutung zukommt.[44] Vor allem aufgrund des Erprobungsgedanken ist es Behinderten möglich, innerhalb der Arbeitnehmerüberlassung in einem Unternehmen Fuß zu fassen und sich so auf dem „ersten“ Arbeitsmarkt zu behaupten, welcher von dem „zweiten“ Arbeitsmarkt zu trennen ist.

Der „zweite“ Arbeitsmarkt unterscheidet sich von dem „ersten“ Arbeitsmarkt dadurch, dass auf ihm Arbeitsplätze oder Beschäftigungsverhältnisse nur mit Hilfe von öffentlichen Fördermitteln erhalten oder geschaffen werden können. Die Arbeitsplätze des zweiten Arbeitsmarktes würden also ohne die Maßnahmen der aktiven Arbeitsmarktpolitik wie Arbeitsbeschaffungsmaßnahmen oder finanziellen Zuschüssen nicht zur Verfügung stehen. Mit dem Bestehen des zweiten Arbeitsmarkts wird das Ziel verfolgt, Arbeitslosigkeit zu verringern und den von Arbeitslosigkeit betroffenen Personen den späteren Übergang in den normalen ersten Arbeitsmarkt zu ermöglichen. Beispielhaft für den „zweiten“ Arbeitsmarkt sind die Werkstätten für behinderte Menschen aufzuzählen.

3.3.2 Die Arbeitnehmerüberlassung als arbeitsmarktpolitisches Instrument

Die Variante der Arbeitnehmerüberlassung könnte ein arbeitsmarktpolitisches Instrument für die Wiedereingliederung für langzeitarbeitslose behinderte Arbeitnehmer darstellen.

Hauptgründe für die betriebliche Nutzung der gewerbsmäßigen Arbeitnehmerüberlassung bestehen für Kundenunternehmen jedoch hauptsächlich in den traditionellen Motiven der Flexibilisierung und Anpassung an den Arbeitsmarkt.

Nebengründe wie Eingliederung von Behinderten spielen in der wirtschaftlich angespannten Arbeitsmarktsituation eine weit untergeordnete Rolle. Neue Motive wie die Integration

---

[44] *Winkler, A.*: Zeitarbeit für Behinderte, S. 130 ff.

von schwerbehinderten Arbeitnehmern zu verfolgen wird bisher in der Zeitarbeit selten explizit genutzt.[45]

Die Übernahmechancen in dem Kundenunternehmen erscheinen auch sehr gering, weil sie von der Qualifikation und dem Tätigkeitsfeld der Leiharbeitnehmer abhängig ist.

Dies deutet darauf hin, dass Engpässe im Personalbereich durch Geringqualifizierte überbrückt werden sollen.[46] Dies könnte wiederum eine Chance für behinderte Arbeitnehmer darstellen, weil sie die häufigsten Einsatzformen innerhalb der Arbeitnehmerüberlassung, durchaus bewältigen könnten.

Ob die Arbeitnehmerüberlassung nun eine Brücke für behinderte Arbeitnehmer in ein dauerhaftes Arbeitsverhältnis und damit in die betriebliche Stammbelegschaft bildet oder eher eine Sackgasse darstellt, hängt von diversen Faktoren ab, die in Punkt 5.2 des Buches aufgezeigt werden.

---

[45] *Winkler, A.*: Zeitarbeit für Behinderte, S. 130 ff.

[46] *Winkler, A.*: Zeitarbeit für Behinderte, S. 130 ff.

4 Relevante Gesetze in der Zeitarbeit

Um die Integration von behinderten Menschen zu schützen und zu fördern, greifen spezielle Gesetzte, die dies gewährleisten sollen.

4.1 Das neunte Sozialgesetzbuch (SGB IX)

Einem behinderten Arbeitnehmer kommt in der betrieblichen Praxis eine besondere Stellung zu, die rechtlich im SGB IX geregelt ist.

4.1.1 Entstehung und Ziel des SGB IX

Am 11. Mai 2001 hat der Bundesrat dem SGB IX zugestimmt und so trat das Gesetz am 01.07.2001 in Kraft. Seit diesem Zeitpunkt ist das SGB IX mit einer modifizierten Philosophie der Integration behinderter Menschen einschlägig. Statt Fürsorge und Abhängigkeit geht es nunmehr um Selbstbestimmung, eigenständige Lebensgestaltung und soziale Integration in die Gesellschaft.

Das SGB IX bündelt bürgernah den Zugang und die Erbringung von Leistungen, errichtet Strukturen für die Zusammenarbeit der Leistungserbringer und steuert die Leistung der Rehabilitation und der Eingliederung in die wesentlichen Lebensfelder der Gesellschaft, wie Wohnen, Arbeit, Freizeit etc..

4.1.2 Geltungsbereich des SGB IX

Im SGB IX sind die Rechte von behinderten Beschäftigten geregelt, welches zunächst zwischen Behinderung und Schwerbehinderung unterscheidet. Eine behinderte Person kann jedoch einem Schwerbehinderten gleichgestellt werden.

Im Folgenden werden die Begrifflichkeiten der Behinderungen genau voneinander separiert und erläutert.

4.1.3 Begriff des behinderten Arbeitnehmers

Behinderte Arbeitnehmer im Sinne des § 2 I SGB IX

Grundsätzlich gilt ein Mensch nur dann als behindert, wenn seine Teilhabe am Leben in der Gesellschaft beeinträchtigt ist. Nach der Legaldefinition des § 2 I SGB IX ist ein Mensch behindert, „wenn [seine] körperliche Funktion, geistige Fähigkeit oder seelische Gesundheit mit hoher Wahrscheinlichkeit länger als sechs Monate von dem für das Lebensalter typischen Zustand abweich[t] und daher [seine] Teilhabe am Leben in der Gesellschaft beeinträchtigt ist."[47] Als Behinderung gilt diese Beeinträchtigung nur dann, wenn sie „Folge oder Ausdruck einer medizinisch bedingten Fähigkeitsstörung"[48] ist.

Die Behinderung kann auf einer Einschränkung der körperlichen Funktion, der geistigen Fähigkeit oder der seelischen Gesundheit beruhen. Entscheidendes Kriterium einer Behinderung im Sinne des SGB IX ist die Abweichung des Gesundheitszustandes des Betroffenen. Nur solche Erkrankungen, die über einen Zeitraum von mehr als sechs Monaten zu einer Funktionsbeeinträchtigung führen, stellen eine Behinderung dar. Eine Beeinträchtigung, die nicht mindestens sechs Monate dauert, gilt lediglich als vorübergehende Gesundheitsstörung und ist somit nicht wesentlich. Dies gilt sowohl für erwachsene Menschen, als auch für Kinder.[49]

Keine Behinderung stellen altersbedingte Leistungsbeeinträchtigungen, wie Seh-, Hör-, oder Bewegungsunfähigkeit dar, die für das jeweilige Lebensalter charakteristisch sind.[50]

In der Praxis werden mögliche Behinderungen an Hand des Grades der Behinderung (GdB) oder der Minderung der Erwerbsfähigkeit (MdE) durch das Bundesministerium für Arbeit und Soziales in Tabellen[51] festgelegt.

Der Grad der Behinderung beziffert bei Behinderten die Schwere der Behinderung. Er wird grundsätzlich durch das Versorgungsamt festgestellt, so weit er nicht bereits anderweitig festgestellt wurde, z.B. durch einen Rentenbescheid oder durch eine Verwaltungs- oder Gerichtsentscheidung. Ab einem Behinderungsgrad von 20 % wird dieser förmlich festgestellt. Abgestuft werden die Behinderungsgrade in Zehnerschritten gem. § 69 I S. 4 SGB IX. Die Versorgungsämter legen bei der Feststellung des GdB die vom Bundesministerium für Gesundheit herausgegebenen Anhaltspunkte für die ärztliche Gutachtertätigkeit im sozialen Entschädigungsrecht und nach dem Schwer-behindertenrecht zu Grunde. Liegen mehrere Behinderungen vor, so ist zur Feststellung des GdB eine Würdigung des Gesamtwertes aller Funktionsausfälle heranzuziehen.[52]

Ist lediglich eine Beeinträchtigung prognostiziert bzw. zu erwarten, gelten Menschen als von der Behinderung bedroht. „Sie sind von Behinderung bedroht, wenn die Beeinträchti-

---

[47] Vgl. SGB IX (2001) § 2 I S. 1.

[48] *Feldes, W./Kamm, R./Preiseler, B.* (2007): Schwerbehindertenrecht. Basiskommentar zum SGB IX mit Wahlordnung, 6. Aufl., Bund-Verlag, S. 25.

[49] *Hauck, Karl/Noftz, Wolfgang* (2001): Sozialgesetzbuch Gesamtkommentar, Berlin, § 2 Rn.19 f..

[50] *Majerski-Pahlen/Pahlen* (2003):Mein Recht als Schwerbehinderter, 6. Aufl.,§ 2 NR. 16 f..

[51] Anhaltspunkte.de – Die Internetseite für Schwerbehinderte, GdB/MdE-Tabelle.

[52] *Feldes, W./Kamm, R./Preiseler, B.* (2007): Schwerbehindertenrecht. Basiskommentar zum SGB IX mit Wahlordnung, S. 28.

gung zu erwarten ist."[53] Eine vollständige Gleichstellung von bedrohten Menschen und bereits behinderten Menschen nimmt das SGB IX nicht vor. Eine drohende Behinderung reicht für den Eintritt des gesetzlichen Schutzes schwerbehinderter Menschen demnach nicht aus.[54]

Außerdem kommt es nicht auf die Art oder die Ursache der Behinderung an. Es kann sich um eine angeborene Behinderung handeln, oder auch um eine Behinderung, die beruflich oder privat bedingt verursacht ist.[55] Die Leistungsbeeinträchtigung des Betroffenen muss schließlich dazu führen, dass dessen Teilhabe am gesellschaftlichen Leben beeinträchtigt ist. Um dies zu beurteilen unterscheidet die WHO (Weltgesundheitsorganisation) im Rahmen der ICF (Internationale Klassifikation der Funktionsfähigkeit, Behinderung und Gesundheit) unterschiedliche Bereiche der Teilhabe. Die Vorgaben der ICF sollen dabei als Anhaltspunkte der Beeinträchtigung der Teilhabe am Leben in der Gesellschaft dienen.[56]

Schwerbehinderte Arbeitnehmer i.S.d. § 2 II SGB IX

Der zweite Teil des SGB IX regelt die besonderen Rechte schwerbehinderter Arbeitnehmer, im Speziellen Nachteilsausgleiche und Leistungen zugunsten schwerbehinderter Menschen.[57]

Eine Behinderteneigenschaft tritt neben der Legaldefinition des § 2 I SGB IX ebenso unmittelbar in Kraft, wenn die Voraussetzungen des § 2 II SGB IX erfüllt sind. Der Paragraph setzt voraus, dass der geschützte Personenkreis einen GdB von wenigstens 50 % vorweisen kann, und einen Wohnsitz, einen gewöhnlichen Aufenthalt oder eine Beschäftigung auf einem Arbeitsplatz i.S.d. § 73 I SGB IX rechtmäßig im Geltungsbereich des SGB hat.

Gleichgestellte i.S.d. § 2 III SGB IX

Die Voraussetzungen einer Gleichstellung von behinderten Menschen mit einem GdB unter 50 % werden in § 2 III SGB IX aufgezeigt. Die Gleichstellung führt dazu, dass dem Betroffenen die gleichen Rechte und Ansprüche wie einem Schwerbehinderten zukommen. Unterschiede bestehen lediglich in dem Recht auf Zusatzurlaub (§ 125 SGB IX) und dem Anspruch auf unentgeltliche Beförderung (§§ 145 ff. SGB IX).[58]

---

[53] Vgl. SGB IX (2001) § 2 I S. 2.

[54] *Feldes, W./Kamm, R./Preiseler, B.* (2007): Schwerbehindertenrecht. Basiskommentar zum SGB IX mit Wahlordnung, S. 26.

[55] *Müller-Glöge, R./Preis, U./Schmidt, I.* (2008): Erfurter Kommentar zum Arbeitsrecht, S. 2480.

[56] *Besgen, N.* (2009): Schwerbehindertenrecht – Arbeitsrechtliche Besonderheiten, S. 20.

[57] *Besgen, N.* (2009): Schwerbehindertenrecht – Arbeitsrechtliche Besonderheiten, S.20.

[58] *Feldes, W./Kamm, R./Preiseler, B.* (2007): Schwerbehindertenrecht. Basiskommentar zum SGB IX mit Wahlordnung, S. 23.

Die Gleichstellung setzt voraus, dass bei dem Betroffenen mindestens einen GdB von 30 % festgestellt wird, und er seinen Wohnsitz (§ 30 III S. 1 SGB I, § 7 BGB), seinen gewöhnlichen Aufenthalt (§ 30 III S. 2 SGB I) oder seinen Arbeitsplatz (§ 73 I SGB IX) rechtmäßig in Deutschland hat.

Außerdem wird vorausgesetzt, dass der gleichzustellende behinderte Mensch ohne die Gleichstellung einen geeigneten Arbeitsplatz nicht er-langen oder behalten hätte können.

Die Gleichstellung behinderter Menschen mit schwerbehinderten Menschen erfolgt aufgrund einer Feststellung nach § 69 SGB IX auf Antrag eines behinderten Menschen durch die Bundesagentur für Arbeit.[59]

Die Entscheidung der Bundesagentur für Arbeit ist für alle anderen Behörden und für die ordentlichen Gerichte gem. § 77 SGG bindend.

Schwerbehindertenausweis

Der Anspruch auf einen Schwerbehindertenausweis ergibt sich nach § 69 V SGB IX. Nach § 69 I SGB IX hat das örtlich zuständige Versorgungsamt auf Antrag des Betroffenen das Bestehen einer Schwerbehinderung, den Grad der Schwerbehinderung und das Vorliegen gesundheitlicher Merkmale (§ 69 IV SGB IX) in einem Schwerbehindertenausweis niederzuschreiben.[60] Das Verfahren wird im Einzelnen durch die Schwerbehindertenausweisverordnung (SchwbAwV) geregelt.

4.2 Das „Allgemeine Gleichbehandlungsgesetz" (AGG)

Neben dem Schutzbereich des SGB IX soll das AGG die Integration von behinderten Menschen schützen, und dafür sorgen, dass sie aufgrund ihrer Behinderung in der Gesellschaft und am Arbeitsplatz nicht benachteiligt werden.

[59] Vgl. SGB IX (2001) § 69 II.

[60] *Feldes, W./Kamm, R./Preiseler, B.* (2007): Schwerbehindertenrecht. Basiskommentar zum SGB IX mit Wahlordnung, S. 24..

4.2.1 Entstehung und Ziele des AGG

Das Allgemeine Gleichbehandlungsgesetz setzt vier EU – Gleichbehandlungsrichtlinien[61] in innerstaatliches Recht um, und ist am 18. August 2006 in Kraft getreten.[62] Durch die EU-Richtlinien wurde den Mitgliedsstaaten auferlegt, den Schutz vor Diskriminierung im Bereich Beschäftigung und Beruf hinsichtlich der Merkmale Rasse, ethnische Herkunft, Religion und Weltanschauung, **Behinderung**, Alter, sexuelle Identität und Geschlecht zu gewährleisten.[63]

Ziel der EU-Richtlinien ist es, nicht nur zusätzliche Rechte gegen Diskriminierung einzuführen, sondern hauptsächlich die tatsächliche Rechtsdurchsetzung zu verbessern. Das Gesetz gilt als Ergänzung zu Art. 3 III GG, indem es zusätzlich eine Diskriminierung aufgrund des Alters und der sexuellen Identität verbietet. Außerdem wirkt das Grund-recht aus Art. 3 vorrangig als Abwehrrecht gegenüber dem Staat und entfaltet sich nur mittelbar über die Auslegung von Generalklauseln und unbestimmten Rechtsbegriffen. Obwohl das Verfassungsrecht das Zivilrecht stark beeinflusst, gelingt es typischerweise nicht, auf diese Weise den umfassenden Schutz zu gewährleisten, wie er vom EuGH bei der Auslegung der Diskriminierungsverbote gefordert worden ist.

4.2.2 Geltungsbereich des AGG

Nach Artt. 27, 30, 34 EGBGB findet das Allgemeine Gleichbehandlungsgesetz in allen Fällen Anwendung, in denen das Arbeitsverhältnis deutsches Recht unterliegt. Maßgebend hierfür ist eine vertragliche Rechtswahl oder der objektive Schwerpunkt des Arbeitsvertrages.[64]

Um die Funktionsweise des AGG beschreiben zu können, werden im Folgenden zunächst die einschlägigen Begriffe erläutert.

---

[61] Folgende RL waren umzusetzen:

- 2004/43/EG des Rates vom 29. Juni 2000 zur Anwendung des Gleichbehandlungsgrundsatzes ohne Unterschiede der Rasse oder der ethnischen Herkunft.
- 2007/78/EG des Rates vom 27. November 2000 zur Festlegung eines allgemeinen Rahmens für die Verwirklichung der Gleichbehandlung in Beschäftigung und Beruf.
- 2007/73/ EG des Europäischen Parlaments und des Rates vom 23. September 2002 zur Änderung der Richtlinie 76/207/EWG des Rates zur Verwirklichung des Grundsatzes der Gleichbehandlung von Männern und Frauen hinsichtlich des Zugangs zur Beschäftigung, zur Berufsbildung und zum beruflichen Aufstieg sowie in Bezug auf die Arbeitsbedingungen.
- 2004/113/EG des Rates vom 13. Dezember 2004 zur Verwirklichung des Grundsatzes der Gleichbehandlung von Männern und Frauen beim Zugang zu und bei der Versorgung mit Gütern und Dienstleistungen.

[62] Vgl. AGG (2006): BGBl. I S. 1897.

[63] *Müller-Glöge, R./Preis, U./Schmidt, I.* (2008): Erfurter Kommentar zum Arbeitsrecht, S. 228.

[64] Müller-Glöge, R./Preis, U./Schmidt, I. (2008): Erfurter Kommentar zum Arbeitsrecht, S. 228.

4.2.3 Begriffsbestimmungen

Benachteiligung

Der § 3 AGG trennt die unterschiedlichen Begriffe in „unmittelbare Benachteiligung“(§ 3 I), „mittelbare Benachteiligung“ (§ 3 II), „Belästigung“ (§ 3 III), „sexuelle Belästigung“ (§ 3 IV) und „Anweisung der Benachteiligung“ (§ 3 V).

Das Gesetz verlangt nicht die allgemeine Gleichbehandlung, sondern verbietet die Anknüpfung von nachteiligen Maßnahmen an bestehenden Merkmalen des § 1 AGG. Im Fall einer Benachteiligung aufgrund einer Behinderung sind besonders die Begriffe „unmittelbare Benachteiligung“ und „mittelbare Benachteiligung“ zu erläutern.

Eine unmittelbare Benachteiligung liegt grundsätzlich vor, wenn wegen eines Merkmals aus § 1 AGG eine ungünstigere Behandlung gegenüber einer relevanten Vergleichsperson erfolgt. In diesem Fall würde z. B. ein Behinderter, gerade aufgrund seiner Behinderung nicht von einem Arbeitgeber eingestellt werden.[65]

Eine mittelbare Benachteiligung liegt dagegen vor, wenn aufgrund scheinbar neutraler Kriterien differenziert wird, wenn also nicht direkt auf ein Diskriminierungsmerkmal des § 1 AGG abgestellt wird, im Ergebnis aber nur oder überwiegend solche Personen betroffen sind, die ein Diskriminierungsmerkmal erfüllen.[66]

Verbot der Benachteiligung

Der persönliche Anwendungsbereich des Benachteiligungsverbotes ist in § 6 AGG geregelt. Der erste Absatz des Paragraphen bestimmt für das Gesetz insgesamt den Begriff des Beschäftigten, während der zweite Absatz den Arbeitgeberbegriff definiert. Im Sinne des § 6 I AGG sind Beschäftigte „Arbeitnehmerinnen und Arbeitnehmer“, „Personen, die zu ihrer Berufsausbildung beschäftigt sind und Personen, die „wegen ihrer wirtschaftlichen Unselbständigkeit als arbeitnehmerähnliche Personen anzusehen sind“.[67]

Ebenso gelten gem. § 6 I Nr. 2 AGG diejenigen Personen als Beschäftigte, die sich um ein Beschäftigungsverhältnis bewerben oder deren Beschäftigungsverhältnis beendet ist.[68]

Der Schutz vor Benachteiligung soll demnach für alle Bewerber und Personen gelten, deren Beschäftigungsverhältnis in der Anbahnung ist, während der Durchführung hin bis zu seiner Beendigung. Das Gesetz wählt diesen breiten Arbeitnehmerbegriff um zu verdeutli-

---

[65] *Müller-Glöge, R./Preis, U./Schmidt, I.* (2008): Erfurter Kommentar zum Arbeitsrecht,S. 229.

[66] *Müller-Glöge, R./Preis, U./Schmidt, I.* (2008): Erfurter Kommentar zum Arbeitsrecht,S. 230.

[67] Vgl. AGG (2006) § 6 I S. 1.

[68] Vgl. AGG (2006) § 6 I S. 2.

chen, dass das Gesetz nicht nur auf den klassischen Arbeitnehmer Anwendung finden soll.[69]

Der § 7 I AGG regelt das zentrale Verbot der Benachteiligung Beschäftigter wegen Merkmalen aus § 1 AGG. Die Ausnahmen dieses Verbotes sind in § 8 AGG niedergelegt. Der erste Absatz lässt allgemeine Ausnahmen vom Benachteiligungsverbot zu und besagt, dass eine auf § 1 AGG bezogene Unterscheidung zulässig ist, wenn der Differenzierungsgrund eine solche berufliche Anforderung darstellt. Eine mögliche unterschiedliche Behandlung muss demnach direkt und unmittelbar an die tatsächlichen Arbeitsbedingungen, wie zum Beispiel an berufliche Anforderungen, anknüpfen.[70]

Nach § 81 II S. 1, 2 SGB IX, in der vor dem Inkrafttreten des AGG geltenden Fassung, hatte ein schwerbehinderter Mensch einen Anspruch auf angemessene Entschädigung in Geld, wenn er bei der Begründung seines Arbeitsverhältnisses wegen seiner Behinderung benachteiligt wird.[71] Nun kann ein behinderter Arbeitnehmer sich ebenso auf den Grundsatz des § 1 AGG berufen.

4.2.4 Rechte und Pflichten aufgrund des AGG

Organisationspflichten des Arbeitgebers

Der Arbeitgeber hat nach dem AGG verschiedene Organisationspflichten einzuhalten.

Er hat dafür Sorge zu tragen, dass er einen Arbeitsplatz nicht unter Verstoß gegen § 7 I AGG ausschreiben darf und somit nach Merkmalen des § 1 AGG differenziert. § 11 AGG beinhaltet die Vorschrift einer merkmalsneutralen Ausschreibung, die das Benachteiligungsverbot bereits im Vorfeld der Begründung von Arbeitsverhältnissen wirksam macht. Ein Verstoß gegen § 11 AGG löst keine Entschädigungsansprüche aus § 15 II AGG aus, sondern begründet eine Vermutung für einen Verstoß gegen das Benachteiligungsverbot des § 7 AGG.

Neben der Pflicht der merkmalsneutralen Ausschreibung hat der Arbeitgeber diverse Maßnahmen und Pflichten zu erfüllen.

Im Sinne des § 12 AGG verpflichtet sich der Arbeitgeber, Maßnahmen zum Schutz vor Benachteiligungen innerhalb dessen Organisation präventiv zu treffen und so künftigen Benachteiligungen entgegenzuwirken und zu unterbinden. Ebenso hat der Arbeitgeber gegen betriebsfremde Dritte zugunsten der Benachteiligten einzuschreiten, obwohl ihm die konkreten Einwirkungsmöglichkeiten auf Dritte in der Regel fehlen.[72]

---

[69] *Müller-Glöge, R./Preis, U./Schmidt, I.* (2008): Erfurter Kommentar zum Arbeitsrecht, S. 248.

[70] *Müller-Glöge, R./Preis, U./Schmidt, I.* (2008): Erfurter Kommentar zum Arbeitsrecht, S. 252.

[71] BArbG, Urteil vom 03.04.2007 - 9 AZR 823/06.

[72] *Müller-Glöge, R./Preis, U./Schmidt, I.* (2008): Erfurter Kommentar zum Arbeitsrecht, S. 252

Rechte der Beschäftigten

Personen, die sich im Zusammenhang mit dem Beschäftigungsverhältnis aufgrund ihrer Behinderung benachteiligt fühlen, dürfen sich bei den zuständigen Stellen, die durch den Arbeitgeber bestellt werden können, gem. § 13 AGG beschweren. Dabei reicht es aus, dass sich der Betroffene benachteiligt fühlt. Ob er tatsächlich benachteiligt wird, ist für das Beschwerderecht unerheblich.[73] Sollte der Arbeitgeber im Falle einer Belästigung nicht agieren oder eingreifen, steht dem Betroffenen ein Leistungserweigerungsrecht aus § 14 AGG zu, ohne dass ihm die Gegenleistung des Arbeitgebers aberkannt wird.

Die Vorschrift des § 15 AGG ist als zentrale Rechtsfolge einer Verletzung des Benachteiligungsverbotes anzusehen, welche einen verschuldungsabhängigen Anspruch gegen den Arbeitgeber auf Ersatz des materiellen Schadens (§ 15 I AGG) sowie einen verschuldungsunabhängigen Entschädigungsanspruch bei immateriellen Schäden (§ 15 II AGG) beinhaltet.[74] Neben diesen Vorschriften muss sich der Arbeitgeber an das Maßregelungsverbot des § 16 AGG halten, das dem Arbeitgeber vorschreibt, Benachteiligungen von Personen zu verbieten, die ihre Rechte aus dem AGG in Anspruch nehmen oder die gegen die Vorschriften des AGG nicht verstoßen wollen.

4.2.5 Ergänzende Vorschriften

Neben den o. g. Pflichten, sollen die Beteiligten eines Arbeitsverhältnisses eine soziale Verantwortung übernehmen. Der § 17 I AGG appelliert dabei an alle Beteiligten eines Arbeitsverhältnisses, im Rahmen ihrer Möglichkeiten einen Beitrag zur Verwirklichung des Zieles des AGG zu leisten.

4.2.6 Rechtsschutz

Der § 22 AGG regelt grundsätzlich die Beweislast zwischen Kläger und Angeklagtem, und ist auf alle Prozesse wegen einer Benachteiligung anwendbar.[75] Die Vorschrift des § 22 AGG gewährt Benachteiligungsklägern eine Beweislastminderung, so dass diese lediglich Indizien für eine vermutete Benachteiligung aus § 1 AGG erbringen müssen. Ist dies geschehen, so trägt der Beklagte die volle Beweislast für das Nichtvorliegen einer Benachteiligung aus § 1 AGG.[76]

[73] *Müller-Glöge, R./Preis, U./Schmidt, I.* : Erfurter Kommentar zum Arbeitsrecht, S. 264.

[74] *Müller-Glöge, R./Preis, U./Schmidt, I.* : Erfurter Kommentar zum Arbeitsrecht, S. 269.

[75] *Müller-Glöge, R./Preis, U./Schmidt, I.* : Erfurter Kommentar zum Arbeitsrecht, S. 273.

[76] *Müller-Glöge, R./Preis, U./Schmidt, I.* : Erfurter Kommentar zum Arbeitsrecht, S. 272.

4.3 Wirkung der Gesetze für Behinderte in der Zeitarbeit

Die Wirksamkeit des AGG ist von dem Bestehen eines wirksamen Arbeitsverhältnisses zwischen Arbeitgeber und Arbeitnehmer nicht abhängig.

In der Zeitarbeit stehen die behinderten Leiharbeitnehmer nur im Arbeitsverhältnis zum Verleiher, jedoch nicht zum Entleiher. Zur Gewährleistung eines umfassenden Benachteiligungsschutzes in der Zeitarbeit wird in § 6 II S. 2 AGG auch der Entleiher als Arbeitgeber des Leiharbeitnehmers angesehen. Im Sinne des § 6 II AGG werden Arbeitgeber als diejenigen verstanden, die Personen gem. § 6 I AGG beschäftigen. Für den Arbeitgeberbegriff ist nicht die rechtliche Beziehung die vertragliche Grundlage, sondern das tatsächliche Arbeitsverhältnis. Da ein behinderter Leiharbeitnehmer seine tatsächliche Arbeitsleistung in dem Kundenunternehmen erbringt, würde dort auch das Benachteiligungsverbot gem. § 1 AGG gelten. Eine Ungleichbehandlung von Leiharbeitnehmern aufgrund einer Behinderung widerspricht daher den Grundsätzen des AGG.

Durch die Bestimmungen des AGG werden nicht nur schwerbehinderte Personen geschützt, sondern alle Behinderten.[77] Eine Sonderbestimmung neben dem AGG ist das Diskriminierungsverbot des § 81 II SGB IX, das wie oben erläutert, ausschließlich für den Schutz für Schwerbehinderte eingeführt wurde.[78] Den EU-Richtlinien zu folge wäre eine so hoch liegende Erheblichkeitsschwelle wie die der Schwerbehinderung nicht akzeptabel, da sie darauf ausgerichtet ist, einen breiten Schutz zu gewährleisten. Deshalb legt der EuGH einen gemeinschaftsautonomen, einheitlich geltenden Behinderungsbegriff, der keine Schwerbehindertenschwelle voraussetzt zu Grunde. Demnach gilt ein allgemeines Benachteiligungsverbot von Behinderten innerhalb der Arbeitnehmerüberlassung gem. § 7 I AGG sowohl in dem Betrieb des Verleihers, als auch in dem Betrieb des Entleihers.

---

[77] *Müller-Glöge, R./Preis, U./Schmidt, I.* : Erfurter Kommentar zum Arbeitsrecht, S. 228.

[78] *Müller-Glöge, R./Preis, U./Schmidt, I.* : Erfurter Kommentar zum Arbeitsrecht, S. 228.

5 Das Arbeitsverhältnis zu behinderten Arbeitnehmern in der Zeitarbeit

5.1 Allgemeingültige Arbeitgeberpflichten gegenüber eines behinderten Arbeitnehmers

Grundsätzlich hat der Arbeitgeber bei der Beschäftigung von behinderten Arbeitnehmern einige Spezialvorschriften zu beachten, um so den Schutz der Behinderten im Arbeitsmarkt zu gewährleisten.

Um die Besonderheiten dieser Spezialvorschriften für Behinderte in der Zeitarbeit beurteilen zu können, werden zunächst die wichtigsten all-gemeingültigen Pflichten eines Arbeitgebers gegenüber behinderten Beschäftigten aufgezählt und beschrieben.

5.1.1 Prüfungspflicht neuer Arbeitsplätze gem. § 81 SGB IX

Bei der Ausschreibung freier Arbeitsplätze muss der Arbeitgeber jede ungerechtfertigte Ungleichbehandlung behinderter Menschen vermeiden; dieser Grundsatz ist in den §§ 3, 11 AGG normiert.

Ein Arbeitgeber hat nach § 81 I S. 1 SGB IX vor jeder externen Besetzung eines freien Arbeitsplatzes im Betrieb zu prüfen, ob die Stelle mit einem schwerbehinderten Menschen besetzt werden kann. Er hat jedoch zunächst intern zu kontrollieren, ob auf einer zu besetzenden Stelle grundsätzlich ein schwerbehinderter Arbeitnehmer beschäftigt werden könnte.

Sollte das der Fall sein, hat sich der Arbeitgeber an die Bundesagentur für Arbeit zu wenden, die ihm potentielle behinderte Arbeitnehmer vermitteln kann, die er jedoch nicht zwingend einzustellen hat. Missachtet ein Arbeitgeber diese Regelung, so liegt ein Gesetzesverstoß im Sinne des § 99 II Nr. 1 BetrVG vor.[79]

Der Betriebsrat kann jede Einstellung eines nicht behinderten Menschen gem. § 99 BetrVG versagen. Verletzt der Arbeitgeber seine Pflichten, besteht eine widerlegbare Vermutung einer Benachteiligung wegen einer Behinderung im Sinne des §§ 22 i.V.m. 2 I Nr. 1 AGG.[80]

Hat sich ein schwerbehinderter Arbeitnehmer auf eine ausgeschriebene Stelle beworben, so hat ein privater Arbeitgeber gem. § 81 I S. 4 SGB IX die Verpflichtung, die Schwerbehindertenvertretung und den Betriebsrat über diese Bewerbung unmittelbar zu informieren.

---

[79] *Müller-Glöge, R./Preis, U./Schmidt, I.* : Erfurter Kommentar zum Arbeitsrecht, S. 2492.

[80] *Besgen, N.* (2009): Schwerbehindertenrecht – Arbeitsrechtliche Besonderheiten. 1. Aufl., Berlin: Erich Schmidt Verlag, S. 32.

Eine Verpflichtung zu einer Einladung zum Vorstellungsgespräch besteht grundsätzlich nicht. Öffentliche Arbeitgeber sind dagegen jedoch nach § 82 S. 2 SGB IX verpflichtet, potentielle schwerbehinderte Arbeitnehmer zu einem Vorstellungsgespräch einzuladen. Eine Ausnahme besteht darin, sollte der Bewerber offensichtlich nicht über die notwenigen fachliche Eignung verfügen (§ 82 S. 3 SGB IX). Verletzt der öffentliche Arbeitgeber die Pflicht zur Einladung, besteht eine tatsächliche Vermutung für eine rechtswidrige Benachteiligung aufgrund einer Behinderung im Sinne des §§ 22, 2 I Nr. 1 AGG.

Sollte nun ein Bewerbungsgespräch zu Stande kommen, so hat der Arbeitgeber das Verbot einer Diskriminierung schwerbehinderter Menschen zu beachten, welches sich aus dem AGG und dem SGB IX ergibt. Die Frage nach einer vorliegenden Behinderung würde dem Grundsatz der Gleichbehandlung demnach nicht entsprechen.[81] Erlaubt sind jedoch Fragen nach einer Behinderung, die ausschließlich auf eine berufliche Anforderung an die entsprechende Tätigkeit hinzielen.

Stellt der Arbeitgeber eine nicht schwerbehinderte Person ein, so sind die Gründe hierzu der Schwerbehindertenvertretung und/oder dem Betriebsrat zu erörtern und dem schwerbehinderten Bewerber innerhalb einer Ausschlussfirst von zwei Monaten (§ 15 IV SGBIX) gem. § 81 I S. 9 SGB IX darzulegen. Tut er dies nicht, besteht wiederum eine widerlegbare Vermutung einer rechtswidrigen Benachteiligung im Sinne der §§ 22, 2 I Nr. 1 AGG.[82]

Kommt der Arbeitgeber seinen Verpflichtungen aus den §§ 81, 81 SGB IX nicht nach, so hat der abgewiesene schwerbehinderte Arbeitnehmer einen Anspruch auf Schadensersatz, welcher aus § 15 II AGG folgt. Dieser Schadensersatzanspruch ist rein materiell und begründet keinen Einstellungsanspruch des Betroffenen.

5.1.2 Beschäftigungsquote / Behindertenquote gem. § 71 SGB IX

Arbeitgeber, die jahresdurchschnittlich pro Monat über mindestens 20 Arbeitsplätze im Sinne des § 73 SGB IX im Unternehmen verfügen, sind gem. § 71 I S.1 SGB IX verpflichtet, auf mindestens 5 % der Arbeitsplätze Schwerbehinderte oder Gleichgestellte zu beschäftigen.[83]

Eine Ausnahme von dieser Regelung besteht für öffentliche Arbeitgeber des Bundes, die am 31.10.1999 mehr als 6% Schwerbehinderte beschäftigt hatten, für sie beträgt die Pflichtquote weiterhin 6 %. Arbeitgeber, die über weniger als 40 Arbeitsplätze verfügen, haben gem. § 71 I S. 3 SGB IX im Jahresdurchschnitt einen schwerbehinderten Menschen, Arbeitgeber mit weniger als 60 Arbeitsplätzen zwei schwerbehinderte Menschen zu be-

---

[81] h.M. in der Literatur, z.B. *Joussen,* NJW 2003, 2857.

[82] *Müller-Glöge, R./Preis, U./Schmidt, I.* : Erfurter Kommentar zum Arbeitsrecht, S. 2495 ff.

[83] *Besgen, N.* (2009): Schwerbehindertenrecht – Arbeitsrechtliche Besonderheiten.1. Aufl., Berlin: Erich Schmidt Verlag, S. 27.

schäftigen. Die Berechnung der Mindestquote der zu besetzenden Arbeitsplätze mit behinderten Arbeitnehmern ergibt sich aus § 74 SGB IX und lässt sich in folgender Formel darstellen:

$$\frac{\text{Arbeitsplätze x Pflichtanzahl}}{100}$$

Bei der Berechnung sind Bruchteile von 0,5 und mehr aufzurunden, bzw. abzurunden, wenn die Anzahl der zurechnungsfähigen Arbeitsplätze weniger als 60 beträgt.[84] Eine besondere Berechnung ist bei schwerbehinderten Menschen, die beruflich ausgebildet werden zu berücksichtigen. Diese können gem. § 76 II SGB IX auf zwei Pflichtplätze angerechnet werden.[85] Diese Vorschriften sind gesetzlich zwingend und können nicht umgangen werden.[86] Erfüllt der Arbeitgeber die Pflichtquote nicht, so muss er eine Ausgleichsabgabe entrichten, deren Höhe gem. § 77 II SGB IX unter anderem davon abhängig ist, in welchem Umfang der Arbeitgeber die Quote verfehlt hat.

Vertiefte Regelungen der Ausgleichsabgabe werden im folgenden Punkt 5.1.3 erläutert.

5.1.3 Ausgleichsabgabe gem. § 77 SGB IX

Ein Arbeitgeber hat unaufgefordert für jeden nicht besetzten Pflichtarbeitsplatz gem. § 77 SGB IX eine Ausgleichsabgabe an das Integrationsamt zu zahlen. Diese Ausgleichsabgabe berechnet sich auf der Grundlage der jahresdurchschnittlichen Beschäftigungsquote und ist gem. § 77 II S. 1 SGB IX wie folgt gestaffelt:

- von 0 % bis weniger als 2 % → 260,00 € mtl.
- von 2 % bis weniger als 3 % → 180,00 € mtl.
- von 3 % bis weniger als 5 % → 105,00 € mtl.

Abweichend von § 77 S. 1 SGB IX beträgt die Ausgleichsabgabe je unbesetztem Pflichtarbeitsplatz, bei einer jahresdurchschnittlichen Beschäftigungsquote folgende Höhe:

Jahresdurchschnittliche Anzahl der anrechnungspflichtigen Arbeitsplätze	Jahresdurchschnittliche Anzahl der schwerbehinderten Beschäftigten	Ausgleichsabgabe
Wenger als 60	Weniger als 1	180,00 € mtl.
Weniger 60	Weniger als 2	105,00 € mtl.
Weniger als 40	Weniger als 1	105,00 € mtl.

Tabelle 1: Ausgleichsabgabe[87]

[84] Vgl. SGB IX (2001) § 74 II.

[85] *Besgen, N.*: Schwerbehindertenrecht – Arbeitsrechtliche Besonderheiten, S. 28.

[86] *Besgen, N.*: Schwerbehindertenrecht – Arbeitsrechtliche Besonderheiten, S. 29.

[87] Eigene Darstellung: Quelle: SGB IX.

Zahlt der Arbeitgeber die geschuldete Ausgleichsabgabe ordnungsgemäß, hebt dies seine Pflicht zur Beschäftigung schwerbehinderter Menschen nach § 71 SGB IX dennoch nicht auf. Trotz der korrekten Abführung der Ausgleichsabgabe durch den Arbeitgeber kann das Integrationsamt ein Bußgeld in Höhe bis zu einem Betrag von 10.000 Euro gegen das Unternehmen verhängen, wenn schuldhaft die Behindertenquote nicht erfüllt wird (§ 156 II SGB IX).

Ein Teil der Ausgleichsabgabe fließt den vom Bundesministerium für Arbeit und Soziales (BMAS) verwalteten Ausgleichsfonds (§§ 77 IV, 78 SGB IX) zu. Den Rest der Abgabe verwendet das Integrationsamt für besondere Leistungen zur Förderung der Teilhabe schwerbehinderter Menschen. Die Leistungen des Integrationsamtes, sowie der Bundesagentur für Arbeit werden im Verlauf der Arbeit unter Punkt 6 ausführlich beschrieben.

5.1.4 Arbeitsplatzgestaltung gem. § 81 IV SGB IX

Behinderte Arbeitnehmer und deren Gleichgestellte haben einen einklagbaren Rechtsanspruch gem. § 81 IV S. 1 Nr. 4 und Nr. 5 SGB IX auf die behindertengerechte Gestaltung ihrer Arbeitsumgebung, der Arbeitsorganisation und der Arbeitszeit in einem Unternehmen.[88]

Dies steht jedoch unter dem Vorbehalt, dass dem Betriebsinhaber die Vornahmen der Umgestaltung organisatorisch und finanziell zumutbar sind.[89] Verstößt der Arbeitgeber gegen seine Pflicht, die sich aus § 81 IV S. 1 Nr. 4 und Nr. 5 SGB IX ergibt, so hat der betroffene Arbeitnehmer die Vornahme der als erforderlich angesehenen Maßnahme im arbeitsgerichtlichen Verfahren durchzusetzen.[90]

Außerdem hat der Arbeitgeber gem. § 81 IV S. 1 Nr. 1 SGB IX dafür zu sorgen, dass er den Behinderten in seinem Betrieb auch tatsächlich einsetzt; dass heißt der Unternehmer dafür hat dafür Sorge zu tragen, dass der Behinderte auch tatsächlich eine Arbeitsleitung verrichten kann, die seinen Qualifikationen und Fähigkeiten entspricht. In einem Fall, in dem der Arbeitnehmer seine Arbeitsleistung aufgrund des Verschuldens des Arbeitgebers nicht erbringen kann, hat dieser einen verschuldensabhängigen Schadensersatzanspruch gegen ihn aus § 280 I BGB und aus § 823 II BGB i.V.m. § 81 IV S. 1 SGB IX.

5.1.5 Lohnanspruch gem. § 81 II SGB IX

Behinderte Arbeitnehmer haben grundsätzlich den gleichen Lohnanspruch wie nicht beschränkte Arbeitnehmer. Dieser Grundsatz ergibt sich aus § 81 II S. 1 SGB IX und aus dem AGG.

---

[88] BAG, Urteil vom 04.10.2005 AP SGB IX § 81 Nr. 9 = NZA 2006, 442.

[89] *Müller-Glöge, R./Preis, U./Schmidt, I.* : Erfurter Kommentar zum Arbeitsrecht, S. 2495.

[90] BAG, Urteil vom 03.12.2002 – 9 AZR 462/01 – NZA 2004, 1219.

Die Bemessung des Lohnanspruches des Arbeitnehmers bemisst sich ebenso wie bei den übrigen Arbeitnehmern des Betriebs nach den einschlägigen Tarifverträgen, Betriebsvereinbarungen und gesetzlichen Bestimmungen.[91]

Kann ein schwerbehinderter Arbeitnehmer seine Arbeitsleistung nicht in vollem Umfang erbringen, greifen die Minderleistungsklauseln der Tarifverträge, die eine verminderte Entgeltzahlung im Falle einer Minderleistung des Arbeitnehmers vorsehen. Besteht eine derartige Regelung, welche vom Bundesarbeitsgericht (BAG) als rechtmäßig anerkannt wurde[92], kann der Arbeitgeber den Lohn des Arbeitnehmers bei Minderleistung ohne Zustimmung des Integrationsamtes und ohne eine Kündigung des Arbeitsvertrags herabsetzen.

Zu beachten ist, dass bei der Bemessung des Arbeitsentgelts für behinderte Arbeitnehmer Renten und vergleichbare Leistungen gem. § 123 I SGB IX nicht berücksichtigt werden dürfen. Dies regelt der Gesetzgeber auf diese Weise, um eine doppelte Entlohnung zu vermeiden und um den Zweck der Renten für Behinderte zu wahren. Von diesem Anrechnungsverbot werden hauptsächlich folgende Renten und sonstige Leistungen erfasst:[93]

- gesetzliche Unfallrente (§ 44 SGB VII, §§ 56 SGB VII ff.)
- vorgezogene Altersrente für Schwerbehinderte (§ 37 SGB VI)
- Erwerbsminderungsrente (§§ 43, 45 SGB VI)
- soziale Entschädigung bei Gesundheitsstörungen
- (§§ 80 SVG ff., § 1 OEG, §§ 47 ZDG ff., §§ 29 BVG ff.)
- Leistungen nach §§ 27 ff., 35 ff. SGB VII, § 160 SBG III)
- Altersrenten (§§ 35, 36 SGB VI)

Zahlungen – wie Abfindungen und Überbrückungsgelder, die nach einem bestehenden Arbeitsverhältnis erbracht werden, stellen kein Arbeitsentgelt im Sinne des § 123 I SGB IX dar und werden somit durch diesen Paragraphen nicht erfasst.[94]

5.1.6 Mehrarbeit gem. § 124 SGB IX

Grundsätzlich kann der Arbeitgeber Mehrarbeit in seinem Unternehmen anordnen, soweit dies arbeitsvertraglich, durch Betriebsvereinbarung oder aufgrund des Tarifvertrages zulässig ist. Diese Anordnung bedarf aber trotzdem der Zustimmung

- der Schwerbehindertenvertretung nach § 95 SGB IX,
- des Betriebsrats gem. § 87 I Nr. 3 BetrVG oder des Personalrates.

---

[91] *Majerski-Pahlen/Pahlen* (2003): Mein Recht als Schwerbehinderter, 6. Aufl.,§ 123 Rn. 1.

[92] BAG, Urteil vom 10.07.1991 – 5 AZR 383/90 – NZA 1992, 27; BAG,Urteil vom 08.12.1982– 4 AZR 122/80 – NJW 1983, 1136.

[93] *Besgen, N.* (2009): Schwerbehindertenrecht – Arbeitsrechtliche Besonderheiten, S. 40.

[94] *Besgen, N.* (2009): Schwerbehindertenrecht – Arbeitsrechtliche Besonderheiten, S. 41.

Unter Mehrarbeit in diesem Sinne versteht man, die zusätzliche Arbeitszeit, die über die normale gesetzliche Arbeitszeit, die in dem ArbZG geregelt ist, hinausgeht.[95]

Ordnet der Arbeitgeber nun die Mehrarbeit in seinem Unternehmen an, hat der schwerbehinderte Arbeitnehmer sie grundsätzlich zu leisten, sofern er nicht rechtzeitig eine Befreiung von der Mehrarbeit verlangt hat. Der § 81 IV SGB IX ist hierbei aber ggf. auch zu beachten und anzuwenden. Grundsätzlich sind behinderte Arbeitnehmer von Mehrarbeit im Betrieb, aufgrund ihres Freistellungsverlangens gem. § 124 SGB IX zu befreien. Für das Freistellungsverlangen des Arbeitnehmers müssen keine Beweggründe vorliegen; allerdings muss es unverzüglich (§ 121 BGB) an den Arbeitgeber gerichtet werden, so dass sich der Arbeitgeber um einen möglichen Ersatzarbeitnehmer kümmern kann.

Ein Schwerbehinderter hat nach § 124 SGB IX jedoch keinen Anspruch auf Einhaltung der 5-Tage-Woche und Befreiung von Nachtarbeit. Auch das Verlangen auf Freistellung von Mehrarbeit führt weder zu einem Anspruch auf die 5-Tage-Woche noch auf Befreiung von Nachtarbeit. Etwas anderes kann sich allerdings im Einzelfall aus § 81 IV Nr. 4 SGB IX ergeben, wenn das zur behindertengerechten Gestaltung der Arbeitszeit erforderlich ist. Die Erfüllung darf für den Arbeitgeber aber nicht unzumutbar oder mit unverhältnismäßigen Aufwendungen verbunden sein.[96]

5.1.7 Zusatzurlaub gem. § 125 SGB IX

Schwerbehinderte Arbeitnehmer i.S.d. § 2 II SGB IX haben neben dem tariflichen oder betrieblichen Urlaubsanspruch gem. § 125 SGB IX einen Anspruch auf fünf zusätzlich bezahlte Urlaubstage im Urlaubsjahr. Gleichgestellte Arbeitnehmer i.S.d. § 2 III SGB IX können sich dagegen wie bereits erwähnt auf § 125 SGB IX nicht berufen.

Der Urlaubsanspruch, der sich aus § 125 SGB IX ergibt, gilt als gesetzlicher Urlaubsanspruch und kann nicht durch den Arbeitgeber umgangen werden.[97] Der Zusatzurlaub tritt zu dem zu gewährenden Erholungsurlaub hinzu und ist wie ein solcher zu behandeln[98]; insbesondere die Regelung über den Verfall von Erholungsurlaub gilt auch für den Zusatzurlaub.

Die Neuregelung im SGB IX beruht unverändert auf dem Gedanken, dass schwerbehinderte Menschen stärker belastet sind und deshalb eine längere Zeit benötigen, um sich von der Arbeit zu erholen.

---

[95] BAG, Urteil vom 21.11.2006 – 9 AZR 176/06 – NZA 2007,446.

[96] BAG, Urteil vom 03.12.2002 - 9 AZR 462/01.

[97] BAG, Urteil vom 25.06.1996 – 9 AZR 182/95 – NZA 1996, 1153.

[98] BAG, Urteil vom 24.10,2006 AP SGB IX § 125 Nr. 1 = NZA 2007, 330.

5.1.8 Schwerbehindertenvertretung gem. § 95 SGB IX

Die Schwerbehindertenvertretung nimmt zusammen mit dem Betriebsrat die Interessen der schwerbehinderten Arbeitnehmer wahr. Die Schwerbehindertenvertretung in einem Betrieb setzt sich aus einer Vertrauensperson und mindestens einem stellvertretenden Mitglied zusammen (§ 94 I S. 1 SGB IX) und gilt als eine vom Betriebsrat unabhängige Institution mit eigenen Rechten und Pflichten.

Gemäß § 94 I S. 1 SGB IX kann in allen Betrieben, in denen wenigstens fünf schwerbehinderte oder diesen gleichgestellte Menschen nicht nur vorübergehend beschäftigt werden, eine Schwerbehindertenvertretung gewählt werden.

In der Regel findet die Wahl der Mitglieder der Schwerbehindertenvertretung alle vier Jahre statt. An dieser Wahl können gem. § 94 II SGB IX alle im Betrieb beschäftigten Schwerbehinderten und diesen Gleichgestellte teilnehmen. Gewählt werden können alle im Betrieb angestellten Arbeitnehmer, die am Wahltag das 18. Lebensjahr vollendet haben und dem Betrieb seit mindestens sechs Monaten angehören. Personen, die keine Arbeitnehmer im Sinne des BetrVG sind, sind gem. § 94 II S. 2 SGB IX nicht wählbar. Das Verfahren der Wahl einer Schwerbehindertenvertretung ist hauptsächlich in der Wahlordnung der Schwerbehindertenvertretung (SchwbVWO) geregt. Es soll durch die Bestimmungen des § 94 XI S. 2 SGB IX i.V.m. § 20 BetrVG sichergestellt werden, dass die Wahl der Schwerbehindertenvertretung ungestört durchgeführt werden kann.

Ist die Wahl erfolgreich durchgeführt, so werden Rechte und Pflichten auf die Schwerbehindertenvertretung übertragen.

Hauptaufgabe der Schwerbehindertenvertretung ist es, nach Maßnahme des § 95 I S. 1 SGB IX die Eingliederung schwerbehinderter Menschen in den Betrieb zu fördern und dort ihre Interessen zu vertreten. Diese hat ein Teilnahmerecht an den Betriebsratssitzungen und Ausschüssen (§ 95 IV SGB IX), an der monatlichen Besprechung zwischen Arbeitgeber und dem Betriebsrat (§ 95 V SGB IX) sowie an den Betriebsversammlungen (§ 95 VIII SGB IX). Sie kann Beschlüsse des Betriebsrates für die Dauer einer Woche aussetzen (§ 95 IV S. 2 SGB IX), wenn erhebliche Bedürfnisse der schwerbehinderten Arbeitnehmer unbeachtet bleiben. Ebenso ist die Schwerbehindertenvertretung nach § 95 VI SGB IX berechtigt, einmal im Jahr eine Versammlung schwerbehinderter Menschen im Betrieb durchzuführen.

Des Weiteren folgt ein Anspruch aus § 95 II S. 1 SGB IX auf Unter-richtungs- und Anhörungsrecht in Angelegenheiten, die einen einzelnen oder die schwerbehinderten Beschäftigten des Betriebes als Gruppe, betreffen.

Die Vertretung ist außerdem befugt gem. § 95 II S. 3 SGB IX Akten von schwerbehinderten Bewerbern einzusehen. Neben diesen Rechten bestehen einige Pflichten, wie zum Beispiel die Pflicht nach § 95 I S. 2 Nr. 3 SGB IX zur Entgegennahme und Behandlung von Anregungen und Beschwerden der behinderten Arbeitnehmer.

Außerdem müssen sie nach § 95 I S. 3 SGB IX die Beschäftigten bei einer Antragstellung auf Feststellung der Behinderung nach § 69 SGB IX unterstützen. Die persönlichen Rechte und Pflichten der Mitglieder der Schwerbehindertenvertretung ergeben sich aus § 96 SGB IX. Die Mitglieder nehmen ihr Amt als Schwerbehindertenvertreter un-entgeltlich als ehrenamtliche Tätigkeit wahr (§ 96 I SGB IX) und unterliegen der Verschwiegenheitspflicht (§ 96 VII SGB IX).

Der Vertreter hat einen Anspruch auf Freistellung unter Fortzahlung des Arbeitsentgeltes für Ausübungen seiner Tätigkeit als Vertrauensperson der Schwerbehinderten. Nach § 96 VIII S. 1 SGB IX hat der Arbeitgeber die aus der Tätigkeit der Schwerbehindertenvertretung entstehenden Kosten zu tragen. Hierzu gehört auch die Teilnahme an erforderlichen Seminaren nach § 96 IV S. 3 SGB IX. Daher hat der Arbeitgeber neben der Arbeitsbefreiung unter Entgeltfortzahlung auch grundsätzlich alle weiteren Kosten zu tragen, die sich durch die Teilnahme an solchen Schulungen ergeben.

5.1.9 Integrationsvereinbarung gem. § 83 SGB IX

Der Arbeitgeber, die Schwerbehindertenvertretung und der Betriebsrat können in der betrieblichen Praxis eine Integrationsvereinbarung schließen. Was die Durchsetzbarkeit der Vorschrift betrifft, kann – vor dem Hintergrund, dass Arbeitgeber zum Abschluss einer derartigen Vereinbarung von Gesetzes wegen nicht verpflichtet sind – dennoch von einem „einklagbaren Anspruch" der Schwerbehindertenvertretung und des Betriebsrates oder des Personalrates ausgegangen werden. Aus den Bestimmung des § 83 SGB IX folgt kein Zwang des Arbeitgebers zum Abschluss einer entsprechenden Integrationsvereinbarung.[99]

Die Abschlussmöglichkeit einer Integrationsvereinbarung besteht für alle privaten und öffentlichrechtlichen Arbeitgeber unabhängig von der Größe des Betriebs, und unabhängig von der Anzahl schwerbehinderter Arbeitnehmer in diesem Betrieb. Diese Integrationsvereinbarung soll entsprechend § 83 II SGB IX hauptsächlich Vorgaben zur Personalplanung, Arbeitsplatzgestaltung, Arbeitsumfeldgestaltung, Arbeitsorganisation und Arbeitszeit beinhalten.[100]

5.1.10 Besonderer Kündigungsschutz gem. § 85 ff. SGB IX

Grundsätzlich haben schwerbehinderte Menschen und deren Gleichgestellte einen besonderen Kündigungsschutz gem. § 85 SBG IX. Der Paragraph besagt, dass jede durch den Arbeitgeber veranlasste Kündigung eines schwerbehinderten Menschen oder dessen Gleichgestellten der Zustimmung des Integrationsamtes bedarf. Sollte diese Zustimmung nicht vorliegen, ist die Kündigung unwirksam und kann nicht nachträglich geheilt werden.

---

[99] *Majerski-Pahlen/Pahlen*: Mein Recht als Schwerbehinderter, § 83 Rn. 4.

[100] *Müller-Glöge, R./Preis, U./Schmidt, I.* : Erfurter Kommentar zum Arbeitsrecht, S. 2495.

Ausnahmen dieser Bestimmung sind in § 90 I S. 1 SGB IX geregelt. Dort wird festgelegt, dass der besondere Kündigungsschutz der §§ 85 ff. SGB IX erst dann greift, wenn der schwerbehinderte Arbeitnehmer länger als sechs Monate ohne Unterbrechung im Betrieb tätig gewesen ist (vgl. § 1 I KschG). Durch diese Ausnahme ist es dem Arbeitgeber möglich, den schwerbehinderten Arbeitnehmer in den ersten sechs Monaten des Arbeitsverhältnisses zu kündigen.

Die Zustimmung des Integrationsamtes gilt als erteilt, wenn das Integrationsamt einen sog. Negativattest als Verwaltungsakt erteilt, in dem bescheinigt wird, dass eine Zustimmung zur Kündigung nicht erforderlich ist.[101] So kann der Arbeitgeber nach der Negativattesterteilung das Arbeitsverhältnis zu einem Arbeitnehmer kündigen, der zuvor einen besonderen Kündigungsschutz genossen hat. Das Negativattest des Integrationsamtes kann nur im Fall seiner Bestandskraft die gesetzliche Kündigungssperre beseitigen.

Dieses Attest ist dabei in folgenden vier Fällen denkbar:

- Fehlende Schwerbehinderteneigenschaft des Arbeitnehmers
- Nicht mehr bestehendes Arbeitsverhältnis des Arbeitnehmers
- Verwirkung des Kündigungsschutzes nach § 85 SGB IX
- Abgelaufene Fristen

Das Negativattest ersetzt nach der Rechtsprechung die Zustimmung zur Kündigung des Integrationsamtes.[102]

Grundsätzlich kann ein Arbeitsverhältnis ordentlich oder außerordentlich gekündigt werden.

Eine ordentliche Kündigung liegt vor, wenn die Kündigung mit einer Kündigungsfrist, welche sich aus § 622 BGB, einer einzelvertraglichen oder tarifvertraglichen Vorschrift ergibt, ausgesprochen wurde. Diese Frist beträgt jedoch nach § 86 SGB IX vier Wochen. Die Möglichkeit einer ordentlichen Kündigung durch den Arbeitnehmer kann jedoch durch eine vorangegangene Befristung des Arbeitsverhältnisses oder durch Tarifverträge ausgeschlossen worden sein. Der begründete Antrag des Arbeitgebers auf Zustimmung zur Kündigung ist nach § 87 I S. 1 SGB IX schriftlich (§ 126 BGB) bei dem zuständigen Integrationsamt zu einzureichen. Das Integrationsamt ist gem. § 87 II SGB IX nun verpflichtet, Stellungnahmen des Betriebs- oder Personalrates und der Schwerbehindertenvertretung einzuholen. Außerdem ist es zwingend erforderlich, den betroffenen Arbeitnehmer anzuhören. Das Integrationsamt zielt dabei permanent auf eine gütliche Einigung ab (§ 87 III SGB IX). Sollte dies nicht sofort möglich sein, so ist das zuständige Amt befugt, eine mündliche Verhandlung gem. § 88 I SGB IX einzuberufen, zu der der Arbeitgeber als Antragsteller und der betroffene Arbeitnehmer einzuladen sind.

---

[101] *Besgen, N.* (2009): Schwerbehindertenrecht – Arbeitsrechtliche Besonderheiten, S. 25.

[102] BAG, Urteil vom 27.05.1983 – 7 AZR 482/81.

Folgend soll das Integrationsamt eine Entscheidung nach § 88 I SGB IX innerhalb eines Monats vom Tage des Einganges des Antrages treffen. Wird diese Monatsfrist durch das Integrationsamt ohne sachlichen Grund verzögert, so setzt sich das Integrationsamt Schadensersatzansprüche nach § 839 BGB i.V.m. Art. 34 GG aus. Eine Untätigkeitsklage gegen das Integrationsamt nach §§ 42, 75 VwGO ist nach Ablauf von drei Monaten ebenfalls möglich.[103] Die Entscheidung des Integrationsamtes liegt in dessen pflichtgemäßen Ermessen und soll das arbeitsgerichtliche Verfahren grundsätzlich nicht vorwegnehmen.

Das Zustimmungsverfahren zur fristlosen Kündigung ist in § 91 SGB IX geregelt. Ein Arbeitsverhältnis kann nur außerordentlich gekündigt werden, wenn bestimmte Tatsachen vorliegen, die es beiden Vertragsparteien unzumutbar machen, das Arbeitsverhältnis bis zum Ablauf der Kündigungsfrist fortzusetzen. Der Antrag des Arbeitgebers auf Zustimmung zur außerordentlichen Kündigung ist nach § 87 SGB IX ebenso schriftlich und innerhalb von zwei Wochen (§ 91 II SGB IX) beim zuständigen Integrationsamt einzureichen. Sollte der Arbeitgeber diese Zweiwochenfrist nicht einhalten, ist die Kündigung schon deshalb unwirksam.[104] Die Entscheidung des Integrationsamtes wird gem. § 91 III S. 1 SGB IX innerhalb von zwei Wochen vom Tage des Eingangs des Antrags an gefällt. Trifft es keine Entscheidung, so gilt kraft gesetzlicher Fiktion nach § 91 III S.2 SGB IX diese als erteilt. Im Gegensatz zur ordentlichen Kündigung ist das Ermessen des Integrationsamtes bei einer außerordentlichen Kündigung nach § 91 IV SGB IX stark beschränkt. Ebenso muss der Betriebsrat (§ 102 BetrVG) und die Schwerbehindertenvertretung angehört werden.

5.2 Auswirkung dieser Maßnahmen in der Zeitarbeit

5.2.1 Zuordnung des Arbeitsplatzes gem. § 73 SGB IX

In diesem Gliederungspunkt soll versucht werden, den Arbeitsplatz eines behinderten Leiharbeitnehmers gem. § 73 SGB IX dem Betrieb des Verleihers oder dem Betrieb des Entleihers zuzuordnen.

Im Sinne des § 73 I SGB IX versteht man unter dem Begriff Arbeitsplatz „alle Stellen, auf denen schwerbehinderte Arbeitnehmer [...] beschäftigt werden".

Aufgrund der sehr schweren eindeutigen Zuordnung des Arbeitsplatzes gem. § 73 SGB IX innerhalb der Arbeitnehmerüberlassung, sollte man zunächst drei Funktionen eines Arbeitsplatzes unterscheiden:

Der Begriff des Arbeitsplatzes kann in der ersten Variante im **rechnerischen Sinne** gebraucht werden. Demnach zählen für den jeweiligen Arbeitgeber so viele Arbeitsplätze wie beschäftigte Arbeitnehmer im Unternehmen sind.

---

[103] *Besgen, N.* (2009): Schwerbehindertenrecht – Arbeitsrechtliche Besonderheiten, S. 71.

[104] BAG, Urteil vom 02.03.2006 – 2 AZR 46/05 – NZA 2006,1211.

Des Weiteren kann der Begriff Arbeitsplatz im **technischen Sinne** gebraucht werden. In dieser Variante gilt der Arbeitsplatz als räumliche Stelle im Betrieb, an welcher der schwerbehinderte Arbeitnehmer tätig ist.

Dagegen ist ein Arbeitsplatz im **allgemein arbeitsrechtlichen Sinne** die Gesamtheit des dem Arbeitnehmer im Betrieb zugewiesenen Tätigkeitsbereichs inklusive damit verbundenen Rechten und Pflichten des Arbeitnehmers.

In welchem Umfang ein behinderter Leiharbeitnehmer als Arbeitnehmer i.S.d. SGB IX zählt, ist jedoch vorerst zu prüfen.

Maßgeblich für den Arbeitnehmerbegriff ist wie bereits erwähnt vor allem die persönliche Abhängigkeit des Arbeitnehmers. Für den Arbeitnehmerbegriff ist es unerheblich ob die Arbeitsleistung des Leiharbeitnehmers räumlich innerhalb des Betriebes, oder außerhalb geleistet wird. Innerhalb der Arbeitnehmerüberlassung würde der behinderte Leiharbeitnehmer, trotz seiner Tätigkeit in einem anderen Betrieb, als Arbeitnehmer des Verleihers gelten. Ein Urteil des Bundesarbeitsgerichts legt fest, dass auch die mittelbar Beschäftigten (Leiharbeitnehmer), die eben nicht vom Arbeitgeber (Entleiher) selbst, sondern von einer Zwischenperson (Verleiher) eingestellt sind, als Arbeitnehmer zum Betrieb gehören.[105]

Für die Arbeitnehmerüberlassung bedeutet das, dass der behinderte Leiharbeitnehmer sowohl bei dem Verleiher, als auch bei dem Entleiher als Arbeitnehmer anzusehen ist. Die Arbeitnehmereigenschaft kann demnach durch Vertrag oder tatsächlicher Beschäftigung im Betrieb begründet sein.

Fraglich ist jedoch, wem innerhalb der Arbeitnehmerüberlassung der Arbeitsplatz eines behinderten Arbeitnehmers i.S.d. SGB IX anzurechnen ist. Dabei wird im Folgenden zwischen den Funktionen des Arbeitsplatzes i.S.d. § 73 SGB IX unterschieden.

Arbeitsplatz gem. § 73 SGB IX im rechnerischen Sinne

Für eine Anrechnung des Arbeitsplatzes i.S.d. § 73 SGB IX im rechnerischen Sinne bei dem Betrieb des Verleihers sprechen diverse Anhaltspunkte:

Innerhalb der Arbeitnehmerüberlassung besteht, wie bereits erwähnt ein Arbeitsvertrag zwischen behindertem Leiharbeitnehmer und Verleiher. Dieses Arbeitsverhältnis würde für eine klare Zuordnung des Arbeitsplatzes i.S.d. § 73 SGB IX im rechnerischen Sinne bei dem Verleiherbetrieb sprechen.

Wie unter Punkt 3.2.4. erläutert, sind Leiharbeitnehmer betriebs-verfassungsrechtlich Angehörige des Verleiherbetriebes und stehen nach § 1 I AÜG zu dem Verleiher in einem rechtlichen Arbeitsverhältnis. Durch ihre vorübergehende Eingliederung in den Entleiherbetrieb wird, wie aus § 1 I AÜG folgt, ihre Zuordnung zum Verleiherbetrieb nicht aufgehoben.

---

[105] BAG vom 09.04.1957, AP Nr. 2 zu § 611 BGB.

Demnach würde der Arbeitsplatz im rechnerischen Sinne eines behinderten Leiharbeitnehmers i.S.d. § 73 I SGB IX dem Verleiherbetrieb zugerechnet werden.[106]

Für Leiharbeitnehmer gilt ab dem 01.01.2004 außerdem eine neue Regelung durch das „Erste Gesetz für moderne Dienstleistungen am Arbeitsmarkt" vom 23.12.2002. Die frühere Befristung mit der Höchstüberlassungsdauer eines Leiharbeitnehmers ist damit entfallen. Seither ist nach herrschender Meinung der Arbeitsplatz grundsätzlich dem Verleiherbetrieb zuzuordnen, zu dem der Arbeitsvertrag besteht.[107]

In der Praxis wird der Arbeitsplatz gem. § 73 SGB IX des behinderten Leiharbeitnehmers demnach in Bezug auf die Quotenregelung bzw. der Ausgleichsabgabe (§ 77 SGB IX) dem Verleiherbetrieb zugeordnet. Ebenso hat der Arbeitgeber (Verleiher) die besonderen Schutzvorschriften, wie den besonderen Kündigungsschutz (§§ 85 ff. SGB IX), Zusatzurlaub (§ 125 SGB IX), Befreiung von Mehrarbeit (§ 124 SGB IX) etc. einzuhalten, was wiederum für eine Zuordnung des behinderten Leiharbeitnehmers zu dem Verleiherbetrieb spricht.

Ein weiterer Anhaltspunkt für diese Auffassung, dass der Arbeitsplatz im rechnerischen Sinne dem Betrieb des Verleihers zuzuordnen ist, ist die Formulierung des § 71 SGB IX. Dieser Paragraph beinhaltet die Quotenregelung für schwerbehinderte „Beschäftigte". Beschäftigte sind jedoch nur solche Arbeitnehmer, die einen Arbeitsvertrag innerhalb des Betriebes unterzeichnet haben „Beschäftigung ist die nichtselbständige Arbeit, insbesondere in einem Arbeitsverhältnis. Anhaltspunkte für eine Beschäftigung sind eine Tätigkeit nach Weisungen und eine Eingliederung in die Arbeitsorganisation des Weisungsgebers."[108]

Wichtig ist also vor allem, ob der Arbeitnehmer eine Tätigkeit nach Weisung ausübt und ob er in die Arbeitsorganisation des Weisungsgebers eingegliedert ist. Wenn dies der Fall ist, übt man eine Beschäftigung aus, für die Abgaben zur Sozialversicherung abgeführt werden müssen. Innerhalb der Arbeitnehmerüberlassung führt der Verleiher die Sozialabgaben des Leiharbeitnehmers an die zuständigen Stellen ab und gilt somit als Arbeitgeber.

Die Zuordnung des Arbeitsplatzes i.S.d. § 73 SGB IX im rechnerischen Sinne läge demnach bei dem Verleiherbetrieb, der innerhalb der Integrationsziele dafür zu sorgen hat, dass er geeignete Pflichtarbeitsplätze mit behinderten Menschen besetzt.

Bei der Ermittlung der Unternehmensgröße des Entleiherbetriebs könnte ein behinderter Leiharbeitnehmer zusätzlich berücksichtigt werden, wenn er auf Arbeitsplätzen, die regelmäßig im Unternehmen bestehen, eingesetzt wird.[109] Die Literatur geht dabei von einer

[106] LSG Baden-Württemberg, Urteil vom 18.10.2001 – L12 AL 3608/99.

[107] BVerwG vom 13.12.2001, NZA 2002 S. 385.

[108] Vgl. SGB IV (2006) § 7 I.

[109] *Urban-Crell, S./Schulz, C.*(2003): Arbeitnehmerüberlassung und Arbeitsvermittlung, S. 244.

Zeitspanne von acht Wochen[110] über drei Monate[111] bis zu mehr als zwölf Monate[112] aus. Sollte dieser Zeitraum überschritten werden, so könnte der rechnerische Arbeitsplatz des Leiharbeitnehmers auch dem Entleiherbetrieb angerechnet werden. Dies wird in der Praxis so jedoch nicht praktiziert um das scheinbare Problem einer Doppelanrechnung zu umgehen. Unter Punkt 8.1 wird auf das Scheinproblem der Doppelanrechnung der Behindertenquote weiter eingegangen.

Sollte der Arbeitsvertrag zwischen Verleiher und Leiharbeitnehmer allerdings unwirksam sein, so wird der Arbeitsplatz des behinderten Leiharbeitnehmers dem Entleiher angerechnet.[113] Das heißt, sollte ein Verleiherbetrieb einen ungültigen Arbeitsvertrag mit einem behinderten Arbeitnehmer schließen, so ist der Arbeitsplatz des behinderten Leiharbeitnehmers i.S.d. § 73 SGB IX dem Entleiher zuzuordnen.

In diesem Fall gehen besondere Rechte und Pflichte gegenüber dem behinderten Leiharbeitnehmer auf den Betrieb des Entleihers über.[114] Die Pflicht zur Zahlung der Ausgleichsabgabe und das Kündigungs-recht bleiben jedoch grundsätzlich in der Pflicht des Verleihers.

Nur in dem Fall des ungültigen Vertrages zwischen Verleiher und behinderten Leiharbeitnehmer würden die Pflichten aus § 81 SGB IX auf den Entleiher übergehen. Diese Ausnahme zeigt ebenso, dass der behinderte Leiharbeitnehmer in der Regel dem Betrieb des Verleihers zuzuordnen ist.

Zusammenfassend lässt sich sagen, dass der Arbeitsplatz i.S.d. § 73 SGB IX im rechnerischen Sinne dem Verleiher zugeordnet werden kann, da dieser die besonderen Pflichten bei der Beschäftigung eines behinderten Arbeitnehmers trägt, und diese nur im Falle eines ungültigen Arbeitsvertrages teilweise auf den Entleiher übergehen.

Arbeitsplatz gem. § 73 SGB IX im technischen Sinne

Auf der anderen Seite könnte man davon ausgehen, dass dem Entleiher der Arbeitsplatz im technischen Sinne des behinderten Leiharbeitnehmers zugeordnet werden kann.

Zum einen spricht dafür die Formulierung des § 73 SGB IX selbst, der von „Stellen" in Betrieben ausgeht. Demnach würde der Arbeitsplatz i.S.d. SGB IX eines Behinderten im technischen Sinne dem Entleiherbetrieb zugerechnet werden. In dem Entleiherbetrieb wird

---

[110] BECK-online: GK-SGB IX/*Großmann* Rn. 55.

[111] BECK-online: *Müller/Wenne / Schorn* Rn. 6.

[112] BECK-online: *Neurmann* u.a. / *Neumann* Rn 23.

[113] BECK-online:*Knittel* § 73 Rn. 7 b.

[114] BECK-online: *Schüren*, AÜG, 2. Aufl. Einl. Rn 81 ff.

der behinderte Leiharbeitnehmer tätig und verrichtet somit seine Arbeitsleistung auf einer ihm durch den Entleiher gegebenen Arbeitsstelle.

Des Weiteren ist die Arbeitnehmerüberlassung im Katalog des § 73 II SGB IX nicht aufgezählt, so dass man davon ausgehen kann, dass der Arbeitsplatz eines behinderten Leiharbeitnehmers im technischen Sinne dem Entleiherbetrieb zugeordnet werden kann.

Für dies spricht ebenso der § 75 BetrVG, nach dem alle „im Betrieb tätigen Personen" gleichgestellt werden sollen. Der behinderte Leiharbeitnehmer wird für den Betrieb des Entleihers tätig, weil er dort seine tatsächliche Arbeitsleistung erbringt. Die Formulierung dieses Paragraphen deutet demnach auf eine Zuordnung des technischen Arbeitsplatzes bei dem Betrieb des Entleihers hin.

Wie bereits erläutert, sprechen die geltenden Ausnahmen der Literatur nach einer nicht nur kurzfristigen Vermittlungsdauer ebenso für eine Anrechnung des behinderten Leiharbeitnehmers im Entleiherbetrieb. Somit wäre nicht der rechnerische Arbeitsplatz, sondern der technische Arbeitsplatz dem Entleiher zuzuordnen.

Zusammenfassend ist festzuhalten, dass ein behinderter Leiharbeitnehmer seinen technischen Arbeitsplatz in dem Betrieb des Entleihers hat.

Arbeitsplatz gem. § 73 SGB IX im allgemeinen arbeitsrechtlichem Sinne

Unter dem Begriff „Arbeitsplatz" im allgemein arbeitsrechtlichen Sinne versteht man, wie bereits definiert, die Gesamtheit des dem Arbeitnehmer im Betrieb zugewiesenen Tätigkeitsbereichs inklusive damit verbundenen Rechten und Pflichten. Innerhalb der Arbeitnehmerüberlassung hat der behinderte Leiharbeitnehmer sowohl Rechte und Pflichte gegenüber dem Verleiher, als auch gegenüber dem Entleiher.

Folglich hat der behinderte Leiharbeitnehmer seinen Arbeitsplatz im allgemein arbeitsrechtlichen Sinne bei dem Entleiher und bei dem Verleiher; er wird jedoch in der Praxis (im rechnerischen Sinn) dem Betrieb des Verleihers zugeordnet.

Diese drei Begrifflichkeiten des Arbeitsplatzes sind innerhalb der Arbeitnehmerüberlassung mit behinderten Leiharbeitnehmern des weiteren zwingend zu trennen, um so die Förderungsmöglichkeiten, die unter Punkt 6 aufgezeigt werden, und die Rechte und Pflichten der Parteien zuordnen zu können.

5.2.2 Prüfungspflicht neuer Arbeitsplätze gem. § 81 SGB IX

Grundsätzlich sind Arbeitgeber wie oben unter 5.1.1. erwähnt, verpflichtet zu prüfen, ob freie Arbeitsplätze im Betrieb auch mit schwerbehinderten Menschen besetzt werden können. Da innerhalb der Arbeitnehmerüberlassung ein Arbeitsverhältnis zwischen Verleiher und Leiharbeitnehmer besteht, gilt der Verleiher als Arbeitgeber.

Demnach könnte der Grundsatz des § 81 SGB IX nicht für den Entleiher gelten, der keinen „Arbeitgeber" in der Arbeitnehmerüberlassungskonstellation dar stellt. Diese ist die erste Auffassung dieses Problems.

Außerdem ist problematisch, dass kein freier Arbeitsplatz im Entleiherbetrieb ausgeschrieben, sondern durch einen schwerbehinderten Leiharbeitnehmer besetzt wird, so dass es zweifelhaft ist, ob die Prüfungspflicht gem. § 81 I SGB IX überhaupt greift.

Dagegen spricht, dass sich das Kundenunternehmen ausdrücklich gegen die Neubegründung eines Arbeitsverhältnisses entschieden hat. Man könnte aufgrund des Wortlautes des Paragraphen der Auffassung sein, dass § 81 I SGB IX erst dann greift, wenn ein festes Arbeitsverhältnis begründet werden soll.

Somit können Entleiherunternehmen ohne vorherige Prüfung durch das Arbeitsamt in Kooperation mit dem Verleiherunternehmen beliebige Arbeitnehmer entleihen. Ihnen ist es jedoch aufgrund einer fehlenden Einstellungseigenschaft des Behinderten, wie zum Beispiel fehlende Qualifikationen, überlassen, ob sie auf die freie Stelle einen schwerbehinderten oder einen gesunden Menschen einsetzen.

Die Regelung des § 81 SGB IX ist somit nicht für die Arbeitnehmerüberlassung ausgelegt. Problematisch ist, dass durch die Anwendung der Arbeitnehmerüberlassung der Grundsatz des Paragraphen umgangen wird, und so die behinderten Arbeitnehmer keine Chance haben, sich auf dem Arbeitsmarkt zu etablieren. Es ist nötig, eine ergänzende Vorschrift einzuführen, die ebenfalls für die Stellenbesetzung mit Leihpersonal gelten. So sollte jeder Entleiher verpflichtet sein, zu prüfen, ob Stellen auch durch behindertes Leih-personal besetzt werden können, und dieses dem Verleiher mitteilen.

Das LAG Hamm hat als Gegenposition dieser Auffassung bereits in einem Urteil festgestellt, dass Arbeitsplätze, auf welchen Leiharbeitnehmer beschäftigt werden, als freie Stellen betrachtet werden.[115] Somit wären diese Stellen gegen die obige Auffassung nach § 81 SGB IX zu berücksichtigen. Außerdem kann ein Betriebsrat einer für mehr als acht Wochen geplanten Einstellung eines Leiharbeitnehmers widersprechen, wenn der Arbeitgeber vor der Einstellung nicht im Sinne von § 81 I S. 1 SGB IX die Beschäftigung schwerbehinderter Menschen geprüft hat und/oder nicht im Sinne von § 81 I S. 2 SGB IX frühzeitig Verbindung mit der Agentur für Arbeit aufgenommen hat und/oder nicht im Sinne von § 81 I S. 6 SGB IX die Schwerbehindertenvertretung angehört hat.[116]

Diesen Dissens bezüglich der Wirkungsweise des § 81 SGB IX innerhalb der Arbeitnehmerüberlassung sollte daher geschlossen werden, um so die Benachteiligung von schwerbehinderten Arbeitnehmern auszugleichen und ihre Integration in der Zeitarbeit zu bestärken. Auf eine mögliche Gesetzesänderung wird in Punkt 8 genauer eingegangen.

---

[115] LAG Hamm, Urteil vom 21.12.2007, AZ: 4 Sa 1892/06.

[116] LAG Hessen, Urteil vom 24.04.2007, Az 4 TaBV 24/07.

5.2.3 Beschäftigungsquote / Behindertenquote gem. § 71 SGB IX

Die Quotenregelung sieht, wie unter Gliederungspunkt 5.1.2 beschrieben, vor, dass eine bestimmte Anzahl der Arbeitsplätze im Unternehmen von Behinderten besetzt werden soll.

Dies ist jedoch viel zu oft nicht der Fall, da viele Unternehmen vor der Einstellung von Behinderten zurückschrecken. Sie befürchten einen höheren Kostenaufwand, aber auch Imageprobleme und Weiteres.

Innerhalb der Arbeitnehmerüberlassung wird dem Arbeitgeber – also dem Verleiher – der rechnerische Arbeitsplatz des Behinderten zugeschrieben, der wiederum jedoch Probleme hat, diesen Arbeitnehmer an ein Kundenunternehmen zu vermitteln. Für Kundenunternehmen besteht kein Anreiz, Personal mit einer offensichtlichen Behinderung einzustellen, weil sie ein erhöhtes Ausfallrisiko sowie eine längere Einarbeitungszeit befürchten. Selbst wenn ein Kundenunternehmen mit der Überlassung eines behinderten Leiharbeitnehmers einverstanden ist, wird ihm dieser Arbeitsplatz nicht bei der Behindertenquote angerechnet, weil zwischen ihnen kein Arbeitsverhältnis im rechtlichen Sinne besteht.

Dieses Problem gilt es innerhalb der Arbeitnehmerüberlassung gesetzlich zu lösen und weitere Vorschriften hinsichtlich einer doppelten Quotenrechnung anzuführen, um die Integration schwerbehinderter Arbeitnehmer zu fördern. Ein möglicher rechtlicher Ansatz wird in Punkt 8 beschrieben.

5.2.4 Ausgleichsabgabe gem. § 77 SGB IX

Die Ausgleichsabgabe wird fällig, wenn die Pflicht zur Beschäftigung schwerbehinderter Menschen durch den Arbeitgeber nicht eingehalten wird; unter Punkt 5.1.3. wurde das Prinzip der Abgabe bereits erläutert.

Ziel der Ausgleichsabgabe ist es, einen kostenmäßigen Ausgleich gegenüber den Arbeitgebern zuschaffen, die ihre Beschäftigungspflicht erfüllen und denen daraus, z. B. durch den gesetzlichen Zusatzurlaub oder die behindertengerechte Ausstattung des Arbeitsplatzes mit technischen Arbeitshilfen, erhöhte Kosten entstehen können. Außerdem soll die Ausgleichsabgabe Arbeitgeber anhalten, ihre Beschäftigungspflicht zu erfüllen.

Dieses Quoten- und Anreizsystem ist verfassungsmäßig, weil es geeignet ist, die berufliche Eingliederung schwerbehinderter zu fördern.[117]

Wirtschaftlich gesehen ist diese Pflichtabgabe aber, im Verhältnis zu einer Stellenbesetzung mit einem Behinderten, häufig zu gering. Sie stellt oft keinen wirtschaftlichen Anreiz für Unternehmen dar, Stellen mit schwerbehinderten Menschen zu besetzen. Viele Zeitarbeitsunternehmen befürchten aufgrund der Informationsintransparenz erhöhte Kosten bei der Einstellung eines behinderten Leiharbeitnehmers und sehen einer erschwerten Vermittlung an ein Kundenunternehmen entgegen.

---

[117] BVerG 26.05.1981 AP SchwbG § 4Nr. 1,01.10.2004 AP SGB IX § 72 Nr. 1 = NZA 2005,102.

Gerade innerhalb der Arbeitnehmerüberlassung wird Personal eingesetzt um Produktionsspitzen bewältigen zu können. Besonders Unternehmen setzen daher auf hundertprozentig einsatzfähiges Personal und nehmen daher lieber häufig die Ausgleichsabgabe in Kauf, weil sie ein Defizit in der Produktion aufgrund der Einstellung von Behinderten vermuten. Wenn die Kundenunternehmen aufgrund dessen keine Behinderten beschäftigen, besteht keine Chance, die Integration über den Weg der Arbeitnehmerüberlassung zu verbessern.

Um die Integration von Behinderten zu unterstützen, werden in Punkt 8.1. des Buches Verbesserungsvorschläge zur Regelung der Ausgleichsabgabe aufgezeigt.

5.2.5 Arbeitsplatzgestaltung gem. § 81 IV SGB IX

Die Arbeitsplatzgestaltung eines behinderten Arbeitnehmers wird grundsätzlich durch das Integrationsamt gefördert.

Für die Teilhabe des behinderten Menschen am Arbeitsleben ist es entscheidend, dass er auf einem geeigneten Arbeitsplatz beschäftigt wird. Die Aufgabe besteht darin, für den behinderten Menschen im Betrieb einen Arbeitsplatz zu finden, auf dem seine nicht beeinträchtigten Fähigkeiten genutzt werden können. Ebenso soll der Arbeitsplatz mit Rücksicht auf die Funktionseinschränkungen so gestaltet werden, dass möglichst die geforderte Leistung erzielt werden kann.

Die Verpflichtung des Arbeitgebers zur behindertengerechten Gestaltung des Arbeitsplatzes in organisatorischer und technischer Hinsicht ergibt sich aus § 81 IV SGB IX. Die behindertengerechte Arbeitsplatzgestaltung verfolgt sowohl das Ziel der Prävention als auch der Rehabilitation und Teilhabe am Arbeitsleben: Es werden Belastungen und gesundheitliche Schäden abgebaut, und somit ebenso präventiv das weitere Entstehen von Behinderungen vermieden.

Wie bereits erläutert umfasst der Arbeitsplatz im technischen Sinne die räumliche Stelle im Betrieb, an welcher der schwerbehinderte Arbeitnehmer tätig ist. In der Zeitarbeit wäre der Arbeitsplatz des Behinderten im technischen Sinne bei dem Kundenunternehmen, weil er dort seine Arbeitstätigkeit verrichtet.

Die Förderung des Integrationsamtes würde demnach das Kundenunternehmen bekommen, das nicht nur kurzfristig einen behinderten Arbeitnehmer entleiht, und ihm somit einen Arbeitsplatz im technischen Sinne stellt.

Problematisch ist hierbei jedoch, dass der Behinderte nur „entliehen“ ist, und nicht zu der Quote des Kundenunternehmens zählt. Kundenunternehmen schrecken wohl häufig vor Veränderung bzw. Umbauten im Betrieb zurück, obgleich diese durch das Integrationsamt gefördert werden würden.

Ein Problem besteht in der üblichen kurzen Überlassungsdauer des Leiharbeitnehmers. Unternehmen sehen durch einen Arbeitsplatzumbau für Behinderte etc. nur die finanzielle Mehrbelastung und den Zeitaufwand, sehen jedoch nicht den potentiellen behinderten Arbeitnehmer als Leiharbeitnehmer in ihrem Betrieb. Ein Problem der Aufklärung und Informationsübermittlung könnte hier vorliegen

5.2.6 Lohnanspruch gem. § 81 II SGB IX

Der Lohnanspruch eines behinderten Arbeitnehmers in der Zeitarbeit besteht aufgrund eines Arbeitsvertrages zwischen ihm und dem Zeitarbeitsunternehmen.

Der Leiharbeitnehmer bekommt grundsätzlich seine vereinbarten Stunden sowie Überstunden durch den Verleiher vergütet. Außerdem ist der Verleiher wie bereits erwähnt als Arbeitgeber grundsätzlich verpflichtet den Sozialversicherungsbeitrag gem. § 28 e SGB IV zu entrichten.

Die Zahlung des Arbeitnehmeranteils der Sozialversicherungsbeträge gilt als aus dem Vermögen des Beschäftigten erbracht und wird von dem Bruttolohn durch den Arbeitgeber einbehalten und an die Versicherungsträger entsprechend weitergeleitet.

Die Besonderheit im Rahmen der Arbeitnehmerüberlassung besteht in der Subsidiärhaftung des Entleihers bei Nichterfüllung der Zahlungspflicht des Arbeitgebers der Sozialversicherungsbeiträge. Gerade in der wirtschaftlichen angespannten Situation kann es passieren, dass Personaldienstleistungsunternehmen Insolvenz anmelden müssen. In dieser Situation greift die Subsidiärhaftung, welche bedeutet, dass das Kundenunternehmen für Sozialversicherungsbeiträge (§ 28 e SGB IV), Beiträge zur Berufsgenossenschaft (§ 150 SGB VII) und Lohnsteuer (§ 42 d EStG) haften kann. Der Entleiher haftet bei einem wirksamen Vertrag wie ein selbstschuldnerischer Bürge, soweit ihm ein Leiharbeitnehmer gegen Vergütung zur Arbeitsleistung überlassen worden ist. Der Entleiher kann jedoch die Zahlung verweigern, wenn die Einzugsstelle den Arbeitgeber nicht gemahnt hat und die Mahnfrist nicht abgelaufen ist. Im Falle eines ungültigen Arbeitsvertrages gem. § 9 Nr. 1 AÜG zwischen Verleiher und Leiharbeitnehmer muss der Verleiher dennoch den fälligen Gesamtsozialversicherungsbeitrag an die Einzugsstelle zahlen. Hinsichtlich der Zahlungspflicht nach § 9 S. 3 AÜG gilt der Verleiher neben dem Entleiher als Arbeitgeber; beide haften insoweit als Gesamtschuldner für den Gesamtsozialversicherungsbeitrag.[118]

Sinn und Zweck der Subsidiärhaftung ist der Schutz des Leiharbeitnehmers. Das Risiko der Haftung trägt der Entleiher, der die Haftung nicht vertraglich ausschließen kann, sondern sich im Vorfeld gut über das Zeitarbeitsunternehmen informieren sollte. Hinsichtlich der Sozialabgaben für behinderte Leiharbeitnehmer bestehen zu anderen Leiharbeitnehmer in der Praxis keinerlei Unterschiede zwischen den Zahlungsbeträgen, so der Geschäftsführer von START NRW (Duisburg) im Interview.[119] Wiederum gelten hier die Bestimmungen des § 1 AGG.

---

[118] Randstad.de, Subsidiärhäftung.

[119] Herr Oberste-Beulmann, START NRW.

5.2.7 Mehrarbeit gem. § 124 SGB IX

Innerhalb eines Beschäftigungsverhältnisses werden behinderte Arbeitnehmer, wie oben erläutert, von der Mehrarbeit auf ihr Verlangen freigestellt.

Mit dieser Vorschrift soll die Leistungsfähigkeit der Schwerbehinderten erhalten bleiben und der Arbeitnehmer vor Überbeanspruchung geschützt werden. In welcher Hinsicht die Regelung der Mehrarbeit i.S.d. § 124 SGB IX die Parteien innerhalb der Arbeitnehmerüberlassung tangiert, ist zu prüfen.

Das Zeitarbeitsunternehmen schließt einen Arbeitsvertrag mit einem behinderten Leiharbeitnehmer ab und vermittelt ihn an ein potentielles Kundenunternehmen. Den Antrag auf Freistellung hat der behinderte Arbeitnehmer bei seinem Arbeitgeber (Verleiher) einzureichen. Somit wäre das Zeitarbeitsunternehmen verpflichtet, diesem Antrag nachzukommen.

Das Kundenunternehmen, das einen behinderten Leiharbeitnehmer entliehen hat, wäre durch die fehlende Mehrarbeitsleistung des behinderten Leiharbeitnehmers nur geringfügig beeinträchtigt, weil es in Produktionsspitzen alternativ Leiharbeiter entleihen könnte, um so eine mögliche Produktionsminderung auszugleichen. Wie bereits in Punkt 3.2.3 beschrieben haftet der Verleiher für den Ausfall des Leiharbeitnehmers im Kundenunternehmen.

Dem Zeitarbeitsunternehmen entsteht durch die Regelung der Mehrarbeit grundsätzlich kein finanzieller Nachteil, weil es die vereinbarten Wochenstunden des behinderten Leihabreitnehmers vergütet, und als Ausgleich einen entsprechenden Stundenverrechnungssatz des Entleihers bekommt.

In der Praxis werden die Parteien innerhalb der Arbeitnehmerüberlassung durch die Regelung des § 124 SGB IX nicht negativ tangiert.

5.2.8 Zusatzurlaub gem. § 125 SGB IX

Grundsätzlich sind die Verleiher uneingeschränkt Arbeitgeber i.S.d. SGB IX, d. h., sie treffen alle Arbeitgeberpflichten hinsichtlich der Beschäftigung schwerbehinderten Menschen gem. § 71 ff. SGB IX.[120]

Wie in Punkt 5.1.7. erwähnt, haben die schwerbehinderten Arbeitnehmer ein Recht auf fünf Tage Zusatzurlaub gem. § 125 SGB IX.

Da das Arbeitsverhältnis zwischen einem behinderten Arbeitnehmer und dem Verleiher besteht, ist im Rahmen dieses Verhältnisses der Sonderurlaub zu gewährleisten. Soweit tarifliche, betriebliche oder sonstige Urlaubsregelungen für schwerbehinderte Menschen einen längeren Zusatzurlaub vorsehen, bleiben sie unberührt.

[120] *Majerski-Pahlen/Pahlen* (2003): Mein Recht als Schwerbehinderter, 6. Aufl., SGB IXNr. 23.

Den Entleiher tangiert der Zusatzurlaub des schwerbehinderten Arbeitnehmers geringfügig, weil er für die tatsächlich geleisteten Arbeitsstunden des Leiharbeitnehmers an den Verleiher zahlen muss.

Das Zeitarbeitsunternehmen legt im Arbeitsvertrag mit dem Leiharbeitnehmer in der Regel eine feste Arbeitsstundenanzahl pro Woche fest, die erbracht werden soll. Der Ausgleich einer Mehr- oder Minderarbeitsleistung wird über ein Überstundenkonto aufgezeigt, so dass dem Zeitarbeitsunternehmen keine zusätzlichen Kosten durch den Zusatzurlaub entstehen.

Diese Ansicht vertritt ebenso Herr Oberste-Beulmann, der versicherte, dass in der Praxis der Zusatzurlaub von fünf Tagen eines behinderten Leiharbeitnehmern hinsichtlich möglicher Zusatzkosten nicht negativ zu bewerten ist.

5.2.9 Schwerbehindertenvertretung gem. § 95 SGB IX

In allen Betrieben, in denen wenigstens fünf schwerbehinderte Arbeitnehmer nicht nur vorübergehen beschäftigt sind, kann gem. § 94 I S. 1 SGB IX eine Schwerbehindertenvertretung gewählt werden.

Unproblematisch ist dieser Aspekt bei den Zeitarbeitsunternehmen, weil der behinderte Leiharbeitnehmer dort „nicht nur vorübergehend" beschäftigt ist. Fraglich ist jedoch, ob ein behinderter Leiharbeitnehmer dem Kundenunternehmen angerechnet werden kann, obwohl er eine sehr kurze Einsatzzeit dort hat.

Dagegen spricht die Formulierung des § 94 I SGB IX, der von schwerbehinderten Menschen in einem Unternehmen ausgeht, die „nicht nur vorübergehend beschäftigt sind". Der Einsatz der Leiharbeitnehmer kann sehr kurz sein, jedoch ist eine Beschränkung der Einsatzdauer im Entleihunternehmen nicht mehr nötig.

Wie bereits erwähnt, wird in der Literatur die Meinung vertreten, dass der nicht nur vorübergehende Einsatz einen Zeitspanne von acht Wochen[121], über drei Monate[122] bis zu mehr als zwölf Monaten[123] beträgt. Ist diese gewisse Zeitspanne überschritten, wird der Arbeitnehmer auch dem Entleiherbetrieb angerechnet und zählt zu den behinderten Menschen im Betrieb des Entleihers.

Ebenso sind die Überlegungen aus Punkt 5.2.1. bezüglich der Arbeitsplatzzuordnung erneut bei der Frage der Betriebszugehörigkeit eines behinderten Leiharbeitnehmers im Entleiherbetrieb heranzuziehen. Für eine Anrechnung in diesem Falle spricht die Formulierung aus § 94 SGB IX, die die Eingliederung schwerbehinderter „Menschen" in den Betrieb vorsieht.

---

[121] BECK-online: GK-SGB IX/*Großmann* Rn. 55.

[122] BECK-online: *Müller/Wenne* / Schorn Rn. 6.

[123] BECK-online: *Neurmann u.a. / Neumann* Rn 23.

In diesem Paragraphen ist demnach die Beschäftigungseigenschaft, oder die Arbeitnehmereigenschaft nicht vorausgesetzt.

Demnach sollte ein behinderter Leiharbeitnehmer bei der Anzahl von Behinderten mitgezählt werden und entsprechend § 95 SGB IX seine Belange vor der Schwerbehindertenvertretung vortragen können.

5.2.10 Integrationsvereinbarung gem. § 83 ff. SGB IX

Eine Integrationsvereinbarung schließt der Arbeitgeber mit der Schwerbehindertenvertretung und dem Betriebsrat eines Unternehmens.

Arbeitgeber eines Leiharbeitnehmers innerhalb der Arbeitnehmerüberlassung ist das Zeitarbeitsunternehmen, zu dem der Arbeitsvertrag des behinderten Leiharbeitnehmers besteht. In dem Zeitarbeitsunternehmen wäre diese Vereinbarung allgemeingültig und rechtsverbindlich.

Fraglich ist, ob eine getroffene Integrationsvereinbarung des Kundenunternehmens auch für den entsandten behinderten Leiharbeitnehmer gilt. Für dies spricht der § 75 BetrVG, nach dem alle „im Betrieb tätigen Personen“ gleichgestellt werden sollen. Der Leiharbeitnehmer hat seinen Arbeitsplatz im technischen Sinne vorübergehend in dem Kundenunternehmen, und ist somit den festangestellten Mitarbeitern hinsichtlich der Integrationsvereinbarung, ähnlich wie der Schwerbehindertenvertretungsregel, gegenüber Festangestellten gleichgestellt.

5.2.11 Besonderer Kündigungsschutz gem. §§ 85 ff. SGB IX

Der besondere Kündigungsschutz gem. §§ 85 ff. SGB IX für Behinderte (5.1.10) ist hinsichtlich zwei Seiten zu untersuchen:

Auf der einen Seite ist der Kündigungsschutz als eine Bestandsschutzregel anzusehen, die die Arbeitssituation der Behinderten schützen soll. Dagegen wir ihm jedoch auf der anderen Seite eine einstellungshemmende Wirkung nachgesagt, die es Behinderten erschwert, auf dem Arbeitsmarkt Fuß zu fassen.

Ob der Kündigungsschutz das Ziel fördert, einen hohen Beschäftigungsstand zu erhalten, ist generell fraglich.

Unternehmen versuchen grundsätzlich ihre Produktivität und Effizienz durch Kündigung und Neueinstellung zu optimieren. Ein verstärkter Kündigungsschutz kann nun dazu führen, dass Arbeitgeber bei Neueinstellungen und bei der Schaffung von Stellen vorsichtig werden.

Behinderte sind demnach hauptsächlich nur dann geschützt, wenn sie bereits Arbeitsplätze haben. Werden sie arbeitslos, ist ihr Verbleib in der Arbeitslosigkeit durch den besonderen Kündigungsschutz nachweislich verlängert. Sind sie demnach nicht erwerbstätig, haben sie schlechtere Chancen auf eine Ersteinstellung.

Anpassungs- und Entlassungskosten auf Seiten der Zeitarbeitsfirma lassen die Arbeitgeber bei der Schaffung neuer Stellen vorsichtig sein: denn auch Schutzmaßnahmen wie der Kündigungsschutz können diskriminierende Wirkungen haben.

Wer in besonderer Weise geschützt ist, wird wohl in besonderer Weise als schutzbedürftig angesehen, also als nur eingeschränkt leistungsfähig und verlässlich. Hier entsteht eine große Unstimmigkeit zwischen dem zu erreichenden Ziel und der tatsächlichen Auswirkung dieser besonderen Schutzvorschriften.

Den Zeitarbeitsunternehmen fällt es aufgrund fehlender Information bezüglich der Kündigungsschutzregeln häufig sehr schwer, behinderte Leiharbeitnehmer überhaupt zu beschäftigen. Aufgrund dessen haben behinderte Arbeitnehmer häufig erst gar keine Chance, sich innerhalb der Arbeitnehmerüberlassung auf dem Arbeitsmarkt zu behaupten.

Auf der anderen Seite wird das Kundenunternehmen innerhalb der Überlassung eines behinderten Leiharbeitnehmers durch die Schutz-vorschriften des besonderen Kündigungsschutzes nicht tangiert, weil es keinen Arbeitsvertrag mit einem behinderten Arbeitnehmer abgeschlossen hat. Kundenunternehmen sind nicht angehalten das Entleihverhältnis unter den besonderen Kündigungsschutzvorschriften der §§ 85 ff. SGB IX zu kündigen, sondern lösen lediglich einen Überlassungsvertrag, der mit dem Zeitarbeitsunternehmen geschlossen wurde auf, sollte dieser nicht nach vereinbarter Frist auslaufen.

Die besonderen Kündigungsfristen haben demnach nur auf Seiten des Zeitarbeitsunternehmens eine abschreckende Wirkung. Diese negative Wirkung des Kündigungsschutzes kann unter bestimmten Voraussetzungen relativiert werden. Hierzu gibt Punkt 8 des Buches einige Anregungen für Verbesserungsmöglichkeiten.

5.3 Die arbeitsmarktpolitische Funktion der Arbeitnehmerüberlassung für Behinderte

5.3.1 Konzeptionelle Überlegungen

Die hohe Arbeitslosigkeit von Behinderten lässt darauf schließen, dass diese zu den benachteiligten Gruppen auf dem Arbeitsmarkt gehören. Ein möglicher Grund für die schwere Integrierung von Behinderten kann auf den informationstheoretischen erklärbaren Diskriminierungsprozess und auf ein arbeitsmarktpolitisches Instrumentarium zurückgeführt werden, dass diesen Informationsproblemen nicht hinreichend Rechnung trägt.

Aufgrund unvollkommener Informationen auf dem Arbeitsmarkt wird die Zugehörigkeit von Behinderten zu einer Arbeitsmarktgruppe zu einer Einschätzung der individuellen Produktivität herangezogen. Dieses Problem stellt eine Herausforderung für die Sozial – und Arbeitsmarktpolitik dar. Im Gegensatz zu tatsächlichen Produktivitätseinbußen, die aus einer Einstellung eines Behinderten erfolgen könnte, beruhen die Nachteile von Behinderten auf dem Arbeitsmarkt häufig auf Diskriminierungsprozessen. In diesem Fall ist es essentiell, dass die Sozial- und Arbeitsmarktpolitik dagegen steuert.

Insoweit die Nutzung der Arbeitnehmerüberlassung für Behinderte funktioniert, so können sich deren Arbeitsmarktchancen jedoch verbessern.

5.3.2 Die Vermittlungsfunktion der Arbeitnehmerüberlassung

Grundsätzlich spielt die Vermittlung von behinderten Arbeitslosen eine große Rolle. Aus Sicht des Arbeitslosen ist dabei die Vermittlungstätigkeit von Zeitarbeitsunternehmen eine wichtige Hilfestellung, da sie häufig noch mehr als andere Arbeitslose auf öffentliche Hilfe angewiesen sind.

Diese Unternehmen sehen sich jedoch oft mit der Zwickmühle der optimalen Stellenbesetzung und der maximalen Förderung von Benachteiligten konfrontiert.

Vorteilhaftig bei der wiedereingliederungsorientierten Arbeitnehmerüberlassung gegenüber der üblichen Arbeitnehmerüberlassung ist, dass sie die Eignung der vermittelten Leiharbeitnehmer glaubhaft verkaufen kann. Eine positive Vermittlung könnte eine gute Reputation für das Zeitarbeitsunternehmen darstellen und so negative Signale, die behinderte Arbeitnehmer vermitteln, kompensiert werden.

Eine erfolgreiche Vermittlung ist jedoch nur möglich, wenn Angehörige der Zielgruppe auch tatsächlich den Anforderungen des Kundenunternehmens entsprechen. Um ihren Ansprüchen gerecht zu werden, wird häufig ein sog. "creaming“ in Zeitarbeitsunternehmen praktiziert.[124] Das bedeutet, dass sowohl beschränkte, wie auch nicht beschränkte Leiharbeitnehmer innerhalb der Arbeitnehmerüberlassung verliehen werden sollen.

Genau dieses Prinzip sollte das oberste Ziel eines jeden Zeitarbeitsunternehmen sein. Kundenunternehmen haben im Idealfall bereits erfolgreich mit einem Zeitarbeitsunternehmen zusammengearbeitet, so dass ein großes Vertrauensverhältnis hinsichtlich einer positiven Vermittlung zwischen ihnen besteht. Die positive Geschäftsbeziehung zwischen Zeitarbeitsunternehmen und Kundenunternehmen kann somit die Einstellungschancen eines behinderten Menschen verbessern. Behinderte Mitarbeiter sollen jedoch gezielt auf einen Einsatz in einem Kundenunternehmen durch den Verleiher vorbereitet werden, um so eine positive Reputation des Unternehmens zu gewährleisten.[125]

---

[124] *Winkler, A.:* Zeitarbeit für Behinderte, S. 150 ff.

[125] *Winkler, A.:* Zeitarbeit für Behinderte, S. 150 ff.

6 Förderungsmöglichkeiten für die Integration von behinderten Menschen

Zu den Aufgaben der Bundesagentur für Arbeit und des Integrationsamtes gehören die finanzielle Unterstützung der Teilhabe am Arbeitsleben von behinderten Menschen und deren Gleichgestellten. Ein umfangreiches Instrumentarium wurde geschaffen, um die Eingliederung von behinderten Arbeitnehmern in den Arbeitsmarkt zu fördern und sicherzustellen. Zum einen werden finanzielle Leistungen geboten, zum anderen aber auch fördernde berufliche Maßnahmen durchgeführt.

6.1 Finanzielle Unterstützung für die Arbeitgeber

Es gibt zahlreiche finanzielle Maßnahmen, die die Eingliederung der behinderten Menschen auf dem Arbeitsmarkt unterstützen sollen. Diese Maßnahmen werden im Folgenden aufgezählt und erläutert, und hinsichtlich der Variante der Arbeitnehmerüberlassung geprüft.

6.1.1 Zuschuss zur Berufsausbildung gem.§ 236 SGB III

In dem Fall, dass es behinderten Menschen ohne Förderung nicht möglich ist, eine Aus- oder Weiterbildung in einem Ausbildungsberuf zu erreichen, können potentielle Arbeitgeber Zuschüsse bei der Bundesagentur für Arbeit beantragen.

§ 236 SGB III beinhaltet, dass Arbeitgeber (das Zeitarbeitsunternehmen) eine Förderhöhe bis zu 60 % der im letzten Jahr zu zahlenden monatlichen Ausbildungsvergütung, in Ausnahmefällen bis zur Höhe der Ausbildungsvergütung für das letzte Ausbildungsjahr, beziehen können. Diese Förderung stellt eine Leistung zur Eingliederung dar, und ist bereits in § 16 I SGB II normiert.[126]

Die Bundesagentur für Arbeit ist ein Rehabilitationsträger nach § 6 I Nr. 2 SGB IX und kann gem. § 34 I Nr. 1 SGB IX Ausbildungszuschüsse an den Arbeitgeber leisten. Für schwerbehinderte bzw. ihnen gleichgestellten Menschen, kann sogar eine Förderungshöhe von bis zu 80 % der monatlichen Ausbildungsvergütung gezahlt werden. Dies ist in § 16 I SGB II i.V.m. § 235 a I-II SGB III geregelt. Die Dauer der Förderungsbeträge richtet sich nach der Dauer der Aus- oder Weiterbildung.

Des Weiteren können Zuschüsse zu den Gebühren bei der Berufsausbildung besonders betroffener schwerbehinderter Jugendlicher und junger Erwachsener gewährt werden. Voraussetzung hierfür ist, dass der Arbeitgeber mit weniger als 20 Beschäftigten (§ 71 I SGB IX) einen besonders betroffenen schwerbehinderten Menschen (§ 72 I SGB IX) zur Berufsausbildung einstellt, der das. 27. Lebensjahr noch nicht vollendet hat. Die zuständige Stelle für diese Förderungsmöglichkeit ist das Integrationsamt gem. § 102 III Nr. 2 b SGB

[126] Vgl. SGB III § 236.

IX i.V.m. § 26 a SchwbAV. Hierbei ist die Förderungsdauer und –höhe nach den Umständen des Einzellfalles anzusetzen.

Weitere Leistungen können Prämien und Zuschüsse zu den Kosten der Berufsausbildung behinderter Jugendlicher und junger Erwachsener sein. Diese Kosten sind von den Leistungen der Bundesagentur für Arbeit abzugrenzen, die sich auf Zuschüsse zu den Personalkosten des Auszubildenden beschränken (§ 236 SGB III). Das Integrationsamt erbringt diese Leistungen nach § 102 III Nr. 2 c SGB IX i.V.m. § 26 b SchwbAV, wenn der Arbeitgeber einen behinderten Menschen einstellt, der für die Zeit der Berufsausbildung den schwerbehinderten Menschen gleichgestellt ist. Diese Gleichstellung muss außerdem von der Bundesagentur für Arbeit nachgewiesen sein.[127]

Innerhalb der Arbeitnehmerüberlassungen könnten solche Förderungen durch die Bundesagentur für Arbeit oder das Integrationsamt erreicht werden, wenn das Zeitarbeitsunternehmen einen behinderten Auszubildenden unter den geforderten Voraussetzungen beschäftigt.

Ein Ausbildungsverhältnis bestünde demnach zwischen dem behinderten Auszubildenden und der Zeitarbeitsfirma. Ab September 2008 wurde erstmals ein eigener Ausbildungsberuf in der Personaldienstleistungsbranche angeboten: der/die Personaldienstleistungskaufmann/-frau.

Eine Verleihung der behinderten Auszubildenden an ein Kundenunternehmen ist hier nicht möglich, weil der Arbeitsplatz des Auszubildenden in dem Zeitarbeitsunternehmen sein muss. Ein Auszubildender, der seine Ausbildung nicht in dem Betrieb des Verleihbetriebes ausübt, kann dagegen nicht finanziell unterstützt werden.

Durch einen Verleih des behinderten Auszubilden an ein Kundenunternehmen innerhalb der Arbeitnehmerüberlassung würde das Ziel einer zielgerichteten Berufsausbildung verfehlt werden, und ist somit in der Praxis nicht förderungsfähig.

6.1.2 Zuschuss für eine befristete Probebeschäftigung gem. § 238 SGB II

Grundsätzlich haben Arbeitgeber die Möglichkeit schwerbehinderte und ihnen gleichgestellte Menschen im Sinne von § 2 SGB IX bis zu einer Dauer von drei Monaten zur Probe zu beschäftigen (§ 16 I SGB II i.V.m. § 238 SGB III).[128]

Voraussetzung hierfür ist, dass dadurch die Möglichkeit einer Teilhabe am Arbeitsleben für Behinderte, Schwerbehinderte und ihnen gleichgestellte Menschen verbessert oder ihre vollständige und dauerhafte Teilhabe am Arbeitsleben erreicht wird.

[127] Vlg. SGB IX § 68 IV SGB IX.

[128] Vlg. SGB III § 238.

Die zuständige Stelle ist die Bundesagentur für Arbeit (§ 6 I Nr. 2 SGB IX), die während der Probezeit die Kosten des Arbeitgebers für den behinderten Arbeitnehmer übernehmen und den Ausgleich direkt an den Arbeitgeber zahlen kann (§ 34 I Nr. 4 SGB IX).

In der Zeitarbeit entstehen hier jedoch Probleme, weil kein Praktikum bzw. keine Probebeschäftigung im Entleiherbetrieb, sondern nur beim Verleiher möglich wäre. Die Förderung würde demnach nur entstehen, wenn die Probebeschäftigung in dem Betrieb des Zeitarbeitsunternehmens erfolgt. Zur Probe lassen sich behinderte Leiharbeitnehmer an Kundenunternehmen nicht vermitteln, weil diese flexibel agieren müssen, um sich auf dem Produktionsmarkt zu behaupten. Ein Praktikant oder ein zur Probe beschäftigter behinderter Leiharbeitnehmer wäre für sie womöglich eine zusätzliche Belastung, so dass sie nicht auf eine Vermittlung durch das Zeitarbeitsunternehmen eingehen würden.

Eine Probebeschäftigung innerhalb der Arbeitnehmerüberlassung in dem Entleiherbetrieb würde demnach nicht gefördert werden können.

6.1.3 Eingliederungszuschuss gem. § 218 II SGB II

Bei dem Eingliederungszuschuss handelt es sich um eine Ermessensleistung der Bundesagentur für Arbeit (§ 16 I SGB II i.V.m. § 218 SGB III). Sie entscheidet in Bezug auf Höhe und Dauer der Leistung.[129]

Grundsätzlich richtet sich die Förderungshöhe jedoch nach dem Umfang der Minderleistung des Arbeitnehmers und den jeweiligen Eingliederungserfordernissen. Im Regelfall können bis zu 50 – 70 % des berücksichtigungsfähigen Arbeitsentgeltes (inkl. des pauschalisierten Anteils des Arbeitgebers am Gesamtsozialversicherungsbeitrag) gefördert werden.

Die Förderungsdauer beträgt in der Regel 12 Monate und kann bis zu 24 Monate für schwerbehinderte oder sonstige behinderte Menschen gewährt werden. Eine Förderung von bis zu 36 Monaten ist für einen Arbeitnehmer möglich, der das 50. Lebensjahr vollendet hat, eine Mindestförderung von 12 Monaten bezogen hat und sein Beschäftigungsverhältnis von mindestens einem Jahr begründet wird. Hierbei ist zu berücksichtigen, dass die Förderungshöhe nach Ablauf von 12 Monaten um mindestens 10 Prozentpunkte fällt.

Die Voraussetzungen für den Eingliederungszuschuss sind erfüllt, wenn der behinderte Arbeitnehmer aufgrund von Vermittlungshemmnissen nur erschwert vermittelt werden kann. Dieses Vermittlungshemmnis muss bei einem Arbeitnehmer, der das 50. Lebensjahr überschritten hat und der vorher mindestens 6 Monate arbeitslos gewesen ist, und welcher außerdem ein Beschäftigungsverhältnis von mindestens einem Jahr begründet, nicht zwangsläufig bestehen.

Der Eingliederungszuschuss für besondere betroffene schwerbehinderte Menschen ist aufgrund seiner Förderungshöhe und in seiner Förderungsdauer zu differenzieren. Zu den

[129] Vgl. SGB III § 218.

besonders betroffenen schwerbehinderten Menschen zählen speziell Personen die, wegen der Art und Schwere ihrer Behinderung oder sonstiger Umstände im Arbeitsleben besonders betroffen sind (§ 72 I SGB IX), die langzeit-arbeitslos sind (§ 18 SGB III), die im Anschluss an eine Beschäftigung in einer anerkannten Werkstatt für behinderte Menschen oder einem Integrationsprojekt eingestellt sind (§ 132 SGB IX) oder die als Teilzeitbeschäftigte eingestellt werden.

Grundsätzlich beträgt die Förderungsdauer 36 Monate, kann aber bis zu 96 Monate für schwerbehinderte Personen über 55 Jahre, verlängert werden. Eine wie oben bereits erwähnte Degression des Förderungsprozentsatzes liegt hier dementsprechend auch vor. Anträge zu diesen Leistungen werden nach vorangegangener Beratung von den örtlich zuständigen Agenturen für Arbeit ausgegeben; bei einer Genehmigung des Zuschusses wird die Leistung an den Arbeitgeber gezahlt.[130]

Innerhalb der Arbeitnehmerüberlassung kann ein solcher Zuschuss unter Umständen gewährt werden. Das Zeitarbeitsunternehmen kann nach Einstellung eines behinderten Menschen die Bundesagentur für Arbeit auffordern, einen Eingliederungszuschuss für mindestens 12 Monate zu bewilligen. Die Prozentzahl des zu fördernden Betrages. richtet sich hierbei nach dem GdB.

Da das Arbeitsverhältnis zwischen Zeitarbeitsunternehmen und dem Leiharbeitnehmer besteht, bekommt dieses auch die Zuschüsse als Arbeitgeber.

Problematisch hierbei ist jedoch erneut der fehlende Anreiz des Kundenunternehmens, diesen behinderten Arbeitnehmer zu entleihen.

Ein Anreiz bei dem Kundenunternehmen zu einer Entleihung eines behinderten Menschen könnte womöglich durch verringerte Kostensätze erreicht werden. Da dem Zeitarbeitsunternehmen durch den Förderungsbetrag der Bundesagentur für Arbeit geringe Personalkosten für den behinderten Mitarbeiter entstehen, wäre es ihm durchaus möglich, diesen kostengünstiger an den Entleiher zu vermitteln. In dem Fall, dass der behinderte Leiharbeitnehmer die gleichen Arbeitsleistungen wie ein anderer Leiharbeitnehmer im selben Kundenunternehmen erbringen kann, wäre durch einen günstigeren Verrechnungssatz des Zeitarbeitsunternehmens ein hoher Anreiz für den Betrieb des Entleihers geschaffen.

6.1.4 Einstellungszuschuss bei Neugründung gem. § 225 SGB III

Die Bundesagentur für Arbeit kann einen Zuschuss zum Arbeitsentgelt eines behinderten Arbeitnehmers an einen Arbeitgeber, der vor nicht mehr als zwei Jahren eine selbständige Tätigkeit aufgenommen hat, leisten (§ 16 I SGB II i.V.m.§§ 225 ff. SGB III).

Die mögliche Förderungshöhe beträgt in der Regel 50 % des berücksichtungsfähigen Arbeitsentgeltes. Zu beachten ist jedoch, dass dieser Einstellungszuschuss höchstens für zwei

[130] Vgl. SGB IX § 34 I Nr. 2 SGB IX.

Arbeitnehmer gleichzeitig geleistet werden kann. Die maximale Förderungsdauer beträgt allerdings nur 12 Monate.[131]

Der Einstellungszuschuss wird gewährt, wenn der Arbeitnehmer unmittelbar vor der Einstellung insgesamt mindestens 3 Monate Arbeitslosengeld, Arbeitslosengeld II oder Transferkurzarbeitergeld bezogen hat. Des Weiteren kann er an einer Arbeitsbeschaffungsmaßnahme oder an einer nach dem SGB III geförderten Maßnahme der beruflichen Weiterbildung teilgenommen haben.

Elementar ist es, dass der Arbeitnehmer ohne diese Leistung nicht oder nicht dauerhaft in den Arbeitsmarkt eingegliedert werden könnte. Außerdem darf der Arbeitgeber zu diesem Zeitpunkt höchstens fünf Arbeitnehmer und auf einem neu geschaffenen Arbeitsplatz unbefristet einen zuvor arbeitslosen Arbeitnehmer beschäftigen.

Der Einstellungszuschuss kann auch bei Vertretung durch die Bundesagentur für Arbeit gewährt werden. (§ 16 I SGB II i.V.m. § 229 SGB III). Die Leistung besteht in einem Zuschuss zum Arbeitsentgelt des Vertreters und kann zwischen 50 – 100 % des berücksichtungsfähigen Entgeltes betragen. Die Voraussetzungen sind erfüllt, wenn ein Arbeitsloser zur Vertretung eines Arbeitnehmers, der an einer beruflichen Weiterbildung teilnimmt, eingestellt wird.

Innerhalb der Arbeitnehmerüberlassung gelten bezüglich der Job-Rotation bestimmte Regelungen. Die Förderungshöhe beträgt 50 % des vom Entleiher an die Zeitarbeitsfirma zu zahlenden Entgeltes und wird gewährt, wenn der Arbeitslose von einem Zeitarbeitsunternehmen eingestellt wird, um ihn als Vertreter für einen Arbeitnehmer, der sich beruflich weiterbildet, einzusetzen.[132]

Zuschuss für technische Arbeitshilfen im Betrieb gem. § 237 SGB III

Die Bundesagentur für Arbeit und das Integrationsamt (§ 16 I SGB II i.V.m. § 237 SGB III) können außerdem Zuschüsse für Arbeitshilfen für behinderte Arbeitnehmer in einem Betrieb gewähren (§ 19 SchwbaV).

Die Förderungshöhe kann bis zu 100 % der notwendigen Kosten für eine behindertengerechte Ausgestaltung von Ausbildungs- und Arbeitsplätzen betragen. Gefördert werden Arbeitshilfen, wenn diese für eine dauerhafte Teilhabe des behinderten Menschen am Arbeitsleben erforderlich sind und der Arbeitgeber nicht nach dem SGB IX Teil 2 (§ 81 IV SGB IX) verpflichtet ist, die Kosten für die Arbeitshilfen zu übernehmen.

Zu der behindertengerechten Ausgestaltung des Arbeitsplatzes zählen die Wartung und Instandhaltung, die Anpassung an den technischen Fortschritt und die Ausbildung im Gebrauch der geförderten Gegenstände am Arbeitsplatz. Diese Zuschüsse können beantragt

[131] Vlg. SGB III § 225 I.

[132] ZB Info; Landschaftsverband Rheinland, Behinderte Menschen im Beruf.

werden, wenn Arbeitsstätten behindertengerecht eingerichtet und geführt werden sollen (§ 26 SchwbAV). Für die Einrichtung eines einzelnen Arbeitsplatzes sind die örtlichen Fürsorgestellen gem. § 26 SchwbAV i.V.m. § 1 ZustVO zuständig. Diese Leistungen können ebenso gem. § 34 I Nr. 3 SGB IX direkt an den Arbeitgeber gezahlt werden.

Problematisch innerhalb der Arbeitnehmerüberlassung ist hier ebenso, dass der behinderte Arbeitnehmer seinen Arbeitsplatz im technischen Sinne in dem Kundenunternehmen und nicht bei dem Zeitarbeitsunternehmen hat.

Heranzuziehen ist hier wiederum die Auslegung der Zuordnung des Arbeitsplatzes des behinderten Arbeitnehmers.

Rechnerisch wird er dem Arbeitgeber zugeordnet, zu dem ein Arbeitsverhältnis besteht. Sollte eine Überlassung jedoch nicht nur kurzfristig sein, so hat der behinderte Leiharbeitnehmer ebenso einen Arbeitsplatz im technischen Sinne bei dem Kundenunternehmen. Der Betrieb des Verleihers wäre demnach berechtigt, einen Antrag auf eine behindertengerechte Einrichtung eines Arbeitsplatzes zu stellen. Diese wird laut Herr Oberster-Beulmann in der Praxis so auch praktiziert.

Das Zeitarbeitsunternehmen kann dagegen nur einen solchen Antrag nur stellen, wenn es auch tatsächlich in ihren Räumen behinderte Menschen beschäftigen möchte oder bereits beschäftigt. Da dies innerhalb der Arbeitnehmerüberlassung in der Regel nicht der Fall ist, greifen die Förderungsmöglichkeiten für Zeitarbeitsunternehmen nicht.

6.1.5 Leistungen bei außergewöhnlicher Belastung gem. § 102 III Nr. 2 e SGB IX

In dem Fall, dass in einem Unternehmen überdurchschnittlich hohe Aufwendungen oder Belastungen bei der Beschäftigung schwerbehinderter Menschen anfallen, kann ein Minderleistungsausgleich durch das Integrationsamt gewährt werden (§ 102 III Nr. 2 e SGB IX i.V.m. § 27 SchwbAV i.V.m. § 1 ZustVO).

Voraussetzung ist jedoch, dass zuvor alle anderen Hilfsmittel, wie z.B. die behindertengerechte Gestaltung des Arbeitsplatzes, ausgeschöpft worden sind und es dem Arbeitgeber nicht zumutbar ist, die Kosten alleine zu tragen.

Diese Förderungsmöglichkeit besteht jedoch immer, wenn ein Beschäftigter aus einer Werkstatt für behinderte Menschen übernommen wird. Die Förderungshöhe und -dauer richten sich hierbei nach den Umständen des Einzelfalles und müssen in einem angemessenen Verhältnis zum gezahlten Arbeitsentgelt stehen.

Innerhalb der Arbeitnehmerüberlassung tangieren die außergewöhnlichen Belastungen vornehmlich den Entleiherbetrieb, da dieser ein Tätigkeitsfeld für den behinderten Arbeitnehmer bereitstellt. Dort werden die Förderungsmöglichkeiten der Leistung bei außergewöhnlicher Belastung durch das zuständige Integrationsamt gewährt. Das Zeitarbeitsunternehmen kann keinen Antrag auf diese Leistung stellen, weil ihm keine außergewöhnlichen Belastungen durch die Vermittlung eines behinderten Leiharbeitnehmers entstehen.

6.1.6 Prämien zur Einführung eines „Betrieblichen Eingliederungsmanagements" gem. § 102 III Nr. 2 d SGB IX

Gewisse Prämien für die Einführung eines BEM können durch die Rehabilitationsträger und die Integrationsämter an den Arbeitgeber überreicht werden (§ 84 III, § 102 III Nr. 2 d SGB IX i.V.m. § 26 c SchwbAV).

Diese Prämien werden erteilt, wenn Arbeitgeber ein BEM einführen oder in einer Integrationsvereinbarung insbesondere Regelungen zur Durchführung einer betrieblichen Prävention und zur Gesundheitsförderung getroffen werden, und das Konzept außerdem über die Mindestanforderungen der Prävention hinausgeht.

Diese Prämien sind sowohl auf Seiten des Zeitarbeitsunternehmens, sowie auf Seiten des Kundenunternehmens möglich, weil innerhalb beider Unternehmen eine Integrationsvereinbarung möglich ist, die, wie bereits erwähnt, auch für behinderte Leiharbeitnehmer gilt.

6.1.7 Zuschuss bei der Schaffung neuer Arbeits- und Ausbildungsplätze für schwerbehinderte Menschen gem. § 15 SchwbAV

Das Integrationsamt kann die Schaffung neuer Arbeitsplätze für schwerbehinderte Menschen unter bestimmten Voraussetzungen mit einer individuellen Förderungshöhe unterstützen (§ 15 SchwbAV).

Dies ist der Fall, wenn ein Unternehmen schwerbehinderte Menschen über der gesetzlichen Quotenregelung eingestellt hat. Außerdem werden Arbeitsplätze für besonders betroffene schwerbehinderte Menschen durch das Integrationsamt gefördert (§§ 71 I SGB IX; § 72 SGB IX). Dies gilt ebenso für schwerbehinderte Menschen die nach einer Arbeitslosigkeit von mehr als 12 Monaten eingestellt werden. Möglich ist eine Förderung auch dann, wenn ein schwerbehinderter Mensch auf einen Arbeitsplatz umgesetzt wird, was einer Verbesserung der Arbeitsbedingungen dient oder eine sonstige drohende Kündigung abwendet.

Innerhalb der Arbeitnehmerüberlassung hat der behinderte Leiharbeitnehmer seinen Arbeitsplatz im rechnerischen Sinne aufgrund eines abgeschlossenen Arbeitsvertrages bei dem Verleiher. Nur dort können demnach innerhalb der Arbeitnehmerüberlassung neue Arbeitsplätze (§ 73 SGB IX) geschaffen werden; das Kundenunternehmen dagegen schafft innerhalb der Arbeitnehmerüberlassung für Behinderte keinen Arbeitsplatz im rechnerischen Sinne. Demnach ist eine solche individuelle Förderungshöhe nur für den Betrieb des Verleihers möglich. Arbeitgeber können unter bestimmten Voraussetzungen von den Integrationsämtern finanzielle Zuschüsse zu den Investitionskosten für die Schaffung neuer geeigneter Ausbildungs- und Arbeitsplätze für schwerbehinderte Menschen erhalten (§ 15 SchwbAV).

Zu den förderungsfähigen Kosten gehören die gesamten Investitionskosten für den neuen Arbeitsplatz, nicht nur die besonderen behinderungsbedingten Aufwendungen.

Bei der Bemessung der Zuschüsse wird insbesondere auf das Maß der Beeinträchtigung des behinderten Menschen abgestellt, die Höhe der Investitionskosten, den Rationalisierungseffekt, die Höhe der behinderungsbedingten Mehraufwendungen, sowie die Leistungsfähigkeit des Arbeitgebers. Dieser soll sich im angemessenen Verhältnis an der Finanzierung der Gesamtkosten beteiligen. Auch im Rahmen der behindertengerechten Gestaltung bestehender Arbeitsplätze und des Arbeitsumfeldes können die Integrationsämter Investitionshilfen an Arbeitgeber gewähren (§ 26 Abs. 1 Nr. 1 –3 SchwbAV).

Dabei ist zu beachten, dass die geförderten Arbeitsplätze für einen bestimmten Zeitraum schwerbehindert Beschäftigten vorbehalten bleiben müssen. Außerdem muss sich die Bindungsfrist an der üblichen Nutzungsdauer und der steuerlichen Abschreibungszeit orientieren. Scheidet der schwerbehinderte Mensch während der Dauer der Bindungsfrist aus, muss der geförderte Arbeitsplatz für den Rest des Bindungszeitraumes wieder mit einem schwerbehinderten Menschen besetzt werden; ansonsten ist der Zuschuss anteilig zurückzuzahlen.

6.1.8 Beschäftigungszuschuss (BEZ) nach § 16 e SGB II

Zum 01.10.2007 ist eine neue Leistung an den Arbeitgeber – der Beschäftigungszuschuss – eingeführt worden. Seit diesem Zeitpunkt können Arbeitgeber bei der Einstellung von behinderten Menschen Zuschüsse zum Ausgleich vorhandener Vermittlungshemmnisse erhalten. Die Leistungen zur Eingliederung nach § 16 e SGB II sollen Menschen mit besonders schweren Vermittlungshemmnissen eine dauerhafte Perspektive auf dem Arbeitsmarkt eröffnen. Erwerbsfähige Hilfebedürftige Personen sind,

- die das 18. Lebensjahr vollendet haben,
- die langzeitarbeitslos gem. § 18 SGB II sind,
- die mindestens zwei Vermittlungshemmnisse aufweisen, die die Erwerbsmöglichkeit in besonderem Maße einschränken,

die nachweislich nicht in den nächsten 24 Monaten in den allgemeinen Arbeitsmarkt integrierbar sind.

Die Höhe und Dauer der Förderleistung richtet sich nach dem Umfang der Minderleistung, was sicherlich häufig zu Schwierigkeiten bei der Bemessung der Förderzuschüsse, und zu einem großen Beurteilungsspielraum auf Seiten der Arbeitsagenturen führt.[133]

Nach § 16 e SGB II soll die Förderung nach 24 Monaten in eine unbefristete Förderung übergehen, sofern sich die Vermittlungschancen nicht verbessert haben. Sollten sich die Vermittlungshemmnisse in der Zeit reduziert haben, so liegt es im Ermessen der Bundes-

---

[133] Vgl. SGB II § 16 e.

agentur für Arbeit, nach § 16 e V SGB II die Förderungshöhe um bis zu 10 Prozentpunkte zu senken.

Neben dem finanziellen Beschäftigungszuschuss ist eine begleitende arbeitsplatzbezogene Qualifizierung bis zu 200 Euro monatlich pro geförderten Arbeitnehmer bis zu 12 Monate möglich. Durch diese Maßnahmen sollen Unternehmen Anreize geboten werden, Menschen mit einer Behinderung einzustellen. Folgendes Rechenbeispiel soll die Wirkung des Zuschusses darstellen:

Beispiele:	Gesamt	Förderungshöhe
Arbeitsentgelt	1.400,00 €	
AG-Anteil SV	ca. 250,00 €	
Summe	1.650,00 €	1.237,50
Eigenanteil Arbeitgeber	412,50 €	

Tabelle 2: Rechenbeispiel zu § 16 e SGB II[134]

Innerhalb der Arbeitnehmerüberlassung ist fraglich, ob der Betrieb des Verleihers oder/und der Betrieb des Entleihers einen solchen Zuschuss beantragen können.

In den vergangenen Jahren ist es innerhalb der Bundesagentur für Arbeit zu sehr unbefriedigenden unterschiedlichen Vorgehensweisen bei der Gewährung von Eingliederungszuschüssen an Zeitarbeitsunternehmen gekommen. Deshalb wurde 2008 eine einheitliche Regelung zur Gewährung von Eingliederungszuschüssen an Zeitarbeitsunternehmen eingeführt.

Eine Ungleichbehandlung zwischen Zeitarbeitsunternehmen soll aufgrund der Rechtssicherheit über die Handhabung der Agenturen bieten. Somit wurde der Ermessensspielraum über die Gewährleistung eines Zuschusses der Agenturen stark eingeschränkt. Jedem Zeitarbeitsunternehmen, das die Voraussetzungen der Bundesagentur für Arbeit einhält, soll nun dieser Beschäftigungszuschuss erhalten. Im Detail werden folgende Voraussetzungen an das Zeitarbeitsunternehmen durch die Bundesagentur für Arbeit gestellt:[135]

Bestandteil für die Gewährung nach § 16 e SGB II ist zunächst das Vorliegen einer Minderleistung des behinderten Leiharbeitnehmers, die eine Differenz der möglichen Arbeitsleistung eines behinderten Arbeitnehmers zu einem nicht behinderten Arbeitnehmer darstellt.

Des Weiteren verlangt die Bundesagentur für Arbeit eine Änderungs-mitteilung des Zeitarbeitsunternehmens, die einen durchgeführten Wechsel des Kundenunternehmens oder einen

---

[134] Eigene Darstellung.

[135] Personal und Wissen, Einheitliche Regelungen zur Gewährung von Eingliederungszuschüssen an Zeitarbeitsunternehmen.

Wechsel in dem Tätigkeitsbereich des behinderten Entleihers beinhaltet. Dies ergibt sich außerdem aus der Mitwirkungspflicht gem. § 60 I S.1 Ziff.2. SGB I [136]

Eine weitere Voraussetzung ist, dass die Nachbeschäftigungszeit des § 221 II S. 5 SGB III bei jedem Kundenunternehmen zu beachten ist.

In verleihfreien Zeiten wird kein Eingliederungszuschuss durch die Bundesagentur für Arbeit gezahlt, da nach Meinung der Agentur keine "Minderleistung" erbracht werden kann und damit eine Förderung nach §§ 217 ff. SGB III ausgeschlossen ist. Hier ist aber genau zu unterscheiden, ob es sich um entleihfreie Zeiten oder um die Gewährung von Freizeitausgleich für Mehrarbeit handelt. In dem letzteren Fall wäre der BEZ weiter zu zahlen. Dem Kundenunternehmen steht der Anspruch auf den Zuschuss in der Praxis nicht zu.

6.1.9 Bereitstellung einer Arbeitsassistenz für einen behinderten Menschen gem. § 102 IV SGB IX

Das Integrationsamt kann einem behinderten Arbeitnehmer eine persönliche Assistenz am Arbeitsplatz bereitstellen, wenn diese notwendig erscheint.[137]

Die Geldleistungen des Integrationsamtes bestehen in Form der Kostenübernahmen (§ 102 IV SGB IX i.V.m. § 17 I a SchwbAV).

Voraussetzung für diese Geldleistung ist ebenso, dass die Unterstützung regelmäßig und dauerhaft erforderlich ist, um den Behinderten in dem Unternehmen zu integrieren. Der Arbeitnehmer muss jedoch trotz Assistenz die ihm übertragenden Aufgaben selbständig erledigen können. Die Geldleistung in Form der Kostenübernahmen für eine notwendige Arbeitsassistenz kann nur bewilligt werden, wenn alle anderen Möglichkeiten des SGB IX sowie alle Leistungen Dritter ausgeschöpft wurden.

Die Bereitstellung einer Arbeitsassistenz ist innerhalb der Arbeitnehmerüberlassung nur bei dem Kundenunternehmen sinnvoll. Gerade hier hat der behinderte Leiharbeitnehmer seine Tätigkeit auf dem technischen Arbeitsplatz auszuüben und ist teilweise auf eine Assistenz angewiesen.

6.1.10 Aktion 5

Aktion ist ein Arbeitsmarktprogramm der Integrationsämter der Landschaftsverbände Rheinland (LVR) und Westfalen-Lippe (LWL) zur Förderung besonders betroffener schwerbehinderter Menschen.

Durch dieses Programm werden Arbeitgeber von eingeschränkten Arbeitnehmern in Form von drei Förderungsmöglichkeiten unterstützt.[138]

---

[136] Bundesagentur für Arbeit, Förderung gem. § 16 e SGB II.

[137] Vgl. § 102 IV SGB IX.

Zum einen werden Einstellungsprämien bis zu 4.000 € bei einer unbefristeten Beschäftigung eines beschränkten Arbeitnehmers, und 2.000 € bei einer befristeten Einstellung (mindestens 12 Monate) eines beschränkten Arbeitnehmers gefördert.

Voraussetzung hierfür ist, dass die Wochenarbeitszeit mindestens 15 Stunden und die Entlohnung tarifgerecht bzw. branchen-/ortsüblich erfolgt.

Das zweite Förderungsmittel der Aktion 5 an den Arbeitgeber eines beschränkten Arbeitnehmers stellt die Ausbildungsprämie dar. Stellt ein Arbeitgeber einen eingeschränkten Auszubildenden ein, so erhält er aus den Förderungsmitteln 3.000 €. Sollte der Auszubildende im Anschluss der Ausbildung in ein unbefristetes Beschäftigungsverhältnis geführt werden, so erhält der Arbeitgeber eine Prämie von 5.000 €. Bei einer befristeten Übernahme (mindestens 12 Monate) bekommt er 2.000 € als Ausbildungsprämie gezahlt.[139]

Die dritte Förderungsmöglichkeit an den Arbeitgeber besteht in einem Lohnkostenzuschuss für eine Übernahme von behinderten Menschen aus Werkstätten. Dem Arbeitgeber werden bei einer Beschäftigung für die Dauer von bis zu 5 Jahren pauschalisiert Lohnkostenzuschüsse in Höhe von bis zu 510 € monatlich gezahlt.

Durch diese 3 Förderungsmöglichkeiten an den Arbeitgeber soll ein starker Anreiz geschaffen werden, eingeschränkte Arbeitnehmer zu beschäftigen.

Innerhalb der Arbeitnehmerüberlassung sind diese Förderungsmöglichkeiten für das Zeitarbeitsunternehmen durchaus möglich, weil es den behinderten Leiharbeitnehmer beschäftigt. Folglich hat jedoch der Betrieb des Entleihers in der Praxis keinen Anspruch auf diese Förderungsmöglichkeiten.

6.1.11 Übersichtliche Zusammenfassung der Förderungsmöglichkeiten

Aus Gründen der Übersichtlichkeit werden die Förderungsmöglichkeiten des Integrationsamtes und der Bundesagentur für Arbeit zusammenfassend separiert aufgeführt.

[138] Aktion 5, Welche Möglichkeiten bietet die Aktion 5 Arbeitgebern?

[139] Aktion 5, Welche Möglichkeiten bietet die Aktion 5 Arbeitgebern?

Integrationsamt

Leistung	Voraussetzung	Rechtsgrundlage
Zuschuss für die Gebühren bei der Berufsausbildung besonders Schwerbehinderter	Der Arbeitgeber mit < 20 Beschäftigten stellt einen schwerbehinderten Menschen ein, der das 27. Lebensjahr nicht vollendet hat.	§ 102 III Nr. 2 b SGB IX i.V.m. § 26 a SchwbAV
Zuschuss zu den Kosten der Berufsausbildung behinderter Menschen	Arbeitgeber stellen einen behinderten Menschen ein, der für die Zeit der Berufsausbildung den schwerbehinderten Menschen gleichgestellt ist.	§ 102 III Nr. 2 c SGB IX i.V.m. § 26 b SchwbAV
Schaffung neuer Arbeits- und Ausbildungsplätze	Der Arbeitgeber stellt besonders Betroffene über die Pflichtquote hinaus ein; er stellt nach einer Arbeitslosigkeit von mind. 12 Monaten ein; er setzt einen behinderten Arbeitnehmer um, um eine Kündigung abwenden zu können.	§ 15 SchwbAV
Behindertengerechte Einrichtung von Arbeits - und Ausbildungsplätzen	Der Arbeitgeber stattet in seinem Betrieb Arbeits- und Ausbildungsplätze behindertengerecht aus.	§ 34 I Nr. 3 SGB IX; § 26 SchwbAV i.V.m. § 1 ZustV O
Leistung bei außergewöhnlichen Belastungen	Der Arbeitgeber hat überdurchschnittlich hohe Aufwendung bei der Beschäftigung besonders schwerbehinderter Menschen. (z.B. Beschäftigter aus einer Werkstatt)	Minderleistung: § 27 SchwbAV; Personelle Unterstützung örtliche Fürsorge-stellen: § 27 SchwbAV i.V.m. § 1 ZustVO
Prämien zur Einführung eines Betrieblichen Eingliederungsmanagements	Der Arbeitgeber führt ein „Betriebliches Eingliederungsmanagement“ ein, das über die Mindestanforderungen hinausgeht.	§ 84 III, § 102 III Nr. 2 d SGB IX i.V.m. § 26 c SchwbAV
Beratung und Information	------------------------------------	§ 102 SGB I + II IX i.V.m. § 29 SchwbAV

Bundesagentur für Arbeit

Zuschuss zur Ausbildungsvergütung	Behinderte erreichen ohne diese Zuschüsse keine Integration auf dem Arbeitsmarkt. Schwerbehinderte erreichen ohne diese Zuschüsse keine Integration auf dem Arbeitsmarkt.	§ 16 I SGB II i.V.m. § 236 SGB III; § 34 I Nr. 1-2 SGB IX § 16 I SGB II i.V.m. § 235 a I + II SGB III
Zuschuss für eine Probebeschäftigung	Die Chance für behinderte Menschen auf eine Integration auf dem Arbeitsmarkt soll dadurch verbessert werden.	§ 16 I SGB II i.V.m. § 238 SGB III; § 34 I Nr. 4 SGB IX
Eingliederungszuschuss	Arbeitnehmer können aufgrund ihrer Behinderung nur erschwert vermittelt werden; Arbeitnehmer (> 50 Jahre), die vorher mind. 6 Monate arbeitslos waren. Arbeitnehmer können aufgrund ihrer besonderen Behinderung nur erschwert vermittelt werden	§ 16 I SGB II i.V.m. § 218 SGB III; § 34 I Nr. 2 SGB IX § 16 I SGB II i.V.m. § 219 SGB III + § 235 a III SGB III
Einstellungszuschuss bei Neugründung	Arbeitgeber, die vor nicht mehr als 2 Jahren eine selbständige Tätigkeit aufgenommen haben und höchstens fünf Arbeitnehmer beschäftigen und auf einem neuen Arbeitplatz einen arbeitslosen förderungsfähigen Behinderten beschäftigen.	§ 16 I SGB II i.V.m. §§ 225 ff. SGB III
Einstellungszuschuss bei Vertretung	Der Arbeitgeber stellt einen Arbeitnehmer, der an einer beruflichen Weiterbildung teilnimmt, zur Vertretung ein	§ 16 I SGB II i.V.m. § 229 SGB III
Zuschuss für Arbeitshilfen	Der Zuschuss muss für eine dauerhafte Teilhabe des behinderten Menschen erforderlich sein.	§ 16 I SGB II i.V.m. § 237 SGB III; § 34 I Nr. 3 SGB IX;
Beratung und Information	---	§ 16 I SGB II i.V.m. § 34 SGB III
Förderung von Arbeitsbeschaffungsmaßnahem	Die Maßnahmen führen zusätzliche und im öffentlichen Interesse liegende Arbeiten durch und begründen gleichzeitig das AV	§ 16 I SGB II i.V.m. §§ 260 ff. SGB III

Tabelle 3: Zusammenstellung der Förderungsmöglichkeiten an Arbeitgeber[140]

[140] Eigene Darstellung.

6.2 Finanzielle Unterstützung für die Arbeitnehmer

6.2.1 Berufsausbildungsbeihilfe für behinderte Menschen

Behinderte Menschen erhalten bei Teilnahme an allgemeinen Maßnahmen der Ausbildung Berufsausbildungsbeihilfe (BAB) durch die Bundesagentur für Arbeit.[141]

Diese staatliche Förderung ist innerhalb einer Ausbildung, der Teilnahme an einer berufsvorbegleitenden Bildungsmaßnahme, der Grundausbildung oder anderer Leistungen zur Teilhabe am Arbeitsleben möglich.

Ziel des BAB ist die Verwirklichung des Sozialstaatsprinzips (Art. 20 GG), die freie Entfaltung der Persönlichkeit (Artt. 4 ff. GG) und die freie Berufswahl (Art. 12 GG).

Den Antrag auf die Berufsausbildungsbeihilfe können Auszubildende erhalten, die während ihrer Erstausbildung nicht bei den Eltern wohnen können, weil die Distanz zwischen Ausbildungsstelle und Elternhaus zu groß ist. Dagegen können Volljährige, Verheiratete oder Auszubildende mit Kindern auch BAB erhalten, wenn sie in der Nähe des Elternhauses wohnen. Grundvoraussetzung ist demnach, dass der Auszubildende seine Lebensunterhaltskosten (v.a. Mietkosten, Fahrtkosten etc.) nicht alleine aufbringen kann, so dass er auf die finanzielle Unterstützung während der Ausbildung angewiesen ist.[142]

Eine weitere Voraussetzung besteht in der deutschen Staatsangehörigkeit oder in einer ausländischen Staatsangehörigkeit, welche die speziellen Voraussetzungen nach § 63 SGB III erfüllt.

Wie hoch die Berufsausbildungsbeihilfe im Einzelfall ist, kann mit dem BAB-Rechner der Arbeitsagentur unter www.babrechner..de berechnet werden. Grundsätzlich bemisst dieser sich auf den „Gesamtbedarf" während der Berufsausbildung, welcher für den Lebensunterhalt, Fahrtkosten und Kosten für sonstige Aufwendungen für diesen Zeitraum bestimmt wird.

Innerhalb der Arbeitnehmerüberlassung kann eine Berufsausbildung eines behinderten Auszubildenden nur in den Räumen des Zeitarbeitsunternehmens durchgeführt werden. Es ist jedoch zu beachten, dass der Auszubildende nicht an ein Kundenunternehmen verliehen werden kann, da der Berufsausbildungszweck bei der Vermittlung verfehlt werden würde.

6.2.2 Persönliches Budget

Die Leistungsform des Persönlichen Budgets wurde mit dem SGB IX zum 1. Juli 2001 eingeführt. Leistungsberechtigten wird vom Renten-versicherungsträger anstelle einer

---

[141] Bundesagentur für Arbeit, Berufsausbildungsbeihilfe für junge Menschen.

[142] Bundesagentur für Arbeit, Berufsausbildungsbeihilfe für junge Menschen.

Sachleistung ein eigenes Budget zur Verfügung gestellt, aus dem die Aufwendungen bezahlt werden können, die für eine Integration erforderlich sind.[143]

Mit einem Persönlichen Budget können behinderte Menschen Leistungen zur Teilhabe selbständig einkaufen und bezahlen. „Geld statt Sachleistung" ist das Prinzip des Persönlichen Budgets. Diese Variante soll einem behinderten Menschen ermöglichen, eigenverantwortlich und selbstbestimmt, die für ihn am besten geeignete Maßnahme zu Teilhabe zu organisieren und zu bezahlen.

Mit diesem Budget werden behinderte Menschen zu Käufern, Kunden und manchmal auch zu Arbeitgebern. Damit erhalten sie mehr Einfluss auf die Art der Leistungserbringung und werden durch diese verstärkten Kontaktmöglichkeiten weiter in die Gesellschaft integriert.[144]

Die Höhe des Persönlichen Budgets richtet sich grundsätzlich nach dem individuell festgelegten Bedarf des behinderten Menschen. Dieses wird dann vom zuständigen Träger, also beispielsweise von der Kranken- oder Pflegekasse, vom Rentenversicherungsträger oder vom Integrationsamt bewilligt. Die Mehrheit der bewilligten Budgetsummen lag zwischen 200 Euro und 800 Euro.[145] Das Persönliche Budget soll die Höhe der Kosten aller bisher individuell festgestellten Leistungen jedoch nicht überschreiten. Dabei sind möglicherweise notwendige Aufwendungen für Beratung und Unterstützung schon einbezogen.

Innerhalb der Arbeitnehmerüberlassung kann sich der behinderte Leiharbeitnehmer das persönliche Budget nach seinem Belieben einteilen, und sich somit die bestmögliche Unterstützung geben. Aufgrund dessen ist es einem Leiharbeitnehmer in dem Betrieb des Entleihers möglich, seinen technischen Arbeitsplatz individuell zu gestalten, und sogar eine Assistenz zu „kaufen", die ihn bei seinen ihm übertragenden Aufgaben unterstützen kann.

Durch diese Methode könnten Einstellungshemmnisse des Kundenunternehmens und des Zeitarbeitsunternehmen abgebaut werden und somit eine Integration fördern.

6.2.3 Erwerbsunfähigkeitsrente gem. § 43 SGB VI

Durch die Einführung der zweistufigen Erwerbsminderungsrente wurde zum 01.Januar 2001 die gesetzliche Berufsunfähigkeitsrente faktisch abgeschafft. Diese Rente stellt lediglich für die rund 35 Millionen Versicherten der gesetzlichen Rentenversicherung besteht bei Invalidität einen Basisschutz dar, der im Leistungsfall nicht ausreichend ist.[146]

---

[143] Bundesministerium für Arbeit und Soziales, Persönliches Budget.

[144] Bundesministerium für Arbeit und Soziales, Persönliches Budget.

[145] AIB Verlag; Anspruch auf persönliches Budget.

[146] Verbraucherportal für Finanzen und Versicherungen; Erwerbsminderungsrente.

Die Voraussetzungen für einen Erwerbsminderungsrentenbezug wurden deutlich verschärft und das Versorgungsniveau wurde gesenkt. Bedeutend ist, dass der bestandene Berufsschutz abgeschafft wurde; d.h. dass jeder Arbeitnehmer auf jede erdenkliche Tätigkeit verwiesen werden kann.

Entscheidend ist nur für den Rentenbezug, dass der Arbeitnehmer auf dem allgemeinen Arbeitsmarkt nicht mehr einsetzbar ist. Seine Qualifikationen, Vorkenntnisse und Ansprüche spielen hierbei keine Rolle. (s. Anlage 13 für die Bedingungen der EU-Rente).

Generell ist es Beziehern der EU-Rente gestattet, geringe Hinzuverdienste zum Beispiel in der Zeitarbeit zu erwirtschaften. Zu berücksichtigen ist, dass es gesetzliche Regelungen gibt, die festlegen, wie viel ein Arbeitnehmer neben seiner Erwerbsminderungsrente hinzu verdienen darf. Welche Hinzuverdienstmöglichkeiten bestehen, richtet sich auch nach der Art der Rente, die er erhält, und die ihm im Rentenbescheid mitgeteilt wird.[147] Folgende Hinzuverdienstgrenzen sind zu beachten: [148]

Grundsätzlich kann man bei vollem Bezug der EU-Rente 400 Euro im Monat hinzu verdienen, ohne dass die Rente gekürzt wird. Verdient man über 400 Euro im Monat trotz voller Erwerbsminderung hinzu, so führt dies zu einer Kürzung von ¾-, ½- oder ¼-Teilrenten. Grundsätzlich darf ein Bezieher der EU-Rente zwei Monate bis zu 800 Euro monatlich hinzu verdienen, ohne dass er eine Kürzung befürchten muss. Bei der teilweisen Erwerbsminderungsrente beträgt die Mindesthinzuverdienstgrenze 857,33 Euro (West) bzw. 753, 55 Euro (Ost). Sollte ein Rentenbezieher nur bestenfalls sehr geringe Hinzuverdienste erwirtschaftet haben, so ist es möglich, die Grenze bis zum doppelten Betrag in zwei Monaten pro Kalenderjahr zu überschreiten.

Innerhalb der Arbeitnehmerüberlassung ist es demnach möglich, behinderte Menschen, die eine EU-Rente beziehen für geringfügige Beschäftigungen im Rahmen der Arbeitnehmerüberlassung einzusetzen, ohne dass sie komplett auf ihre Rente verzichten müssen.

6.2.4 Aktion 5

Wie unter Punkt 6.1.11 beschrieben, stellt die Aktion 5 ein spezielles Arbeitsmarktprogramm dar.

Neben den 3 erläuterten Förderungsmöglichkeiten an den Arbeitgeber einer eingeschränkten Person, sind zusätzlich Förderungsmöglichkeiten an den behinderten Arbeitnehmer direkt realisierbar.

Zum einen können die schwerbehinderten Menschen ein s.g. Vorbereitungsbudget beantragen. Ziel dieses Budget ist es, schwerbehinderte Schüler bereits vor ihrer Schulentlassung

[147] Verbraucherportal für Finanzen und Versicherungen; Hinzuverdient und Erwerbsminderungsrente.

[148] Arbeitsratgber:Erwerbsminderungsrente;http://www.arbeitsratgeber.com/erwerbsminderungsrente-0280.html.

gezielt zu unterstützen und sie damit bestmöglich auf einen Übergang in den ersten Arbeitsmarkt vorzubereiten. Die Dauer und der Umfang der Förderung werden individuell festgelegt.[149]

Zum anderen können vor und nach Beginn eines Arbeitsverhältnisses individuell orientierte Unterstützungsleistungen erbracht werden. Diese bestehen zum Beispiel im Arbeitstraining oder in Maßnahmen der Behinderungsverarbeitung oder der Stärkung sozialer Kompetenzen.[150]

6.3 Berufliche Förderungsmöglichkeiten für die Arbeitnehmer

6.3.1 Diagnosemaßnahmen

Bei der Einstellung und bei den Maßnahmen für behinderte Menschen werden Eignung, Neigung und bisherige Tätigkeit, sowie die Lage und die Entwicklung auf dem Arbeitsmarkt angemessen berücksichtigt. Grundsätzlich werden diese Aspekte durch Beratungsfachkräfte und der Fachdienste der BA (ärztlicher Dienst, psychologischer Dienst, technischer Beratungsdienst) überprüft. Sollten diese für eine angemessene Beurteilung nicht ausreichen, so können spezielle Diagnosemaßnahmen genutzt werden. Dabei handelt es sich um Maßnahmen zur Abklärung der beruflichen Eignung, Arbeitserprobungen und Diagnosemaßnahmen zur Feststellung der Arbeitsmarktfähigkeit (DIA-AM). Diese Maßnahmen gelten für alle behinderten Menschen, unabhängig davon, ob sie bereits erwerbstätig sind oder nicht.[151]

Innerhalb der Arbeitnehmerüberlassung gilt dieser Punkt als allgemein-gültig.

6.3.2 Unterstützte Beschäftigung

Die Maßnahme der Bundesagentur für Arbeit der unterstützte Beschäftigung richtet sich an Jugendliche und Erwachsene, die aufgrund einer Behinderung besondere Unterstützung zur Eingliederung in das Berufsleben benötigen und derzeit keine Aus- bzw. Weiterbildung absolvieren können.[152]

Die Maßnahme bietet durch neue Qualifizierungs- und Beschäftigungsmöglichkeiten für schwerbehinderten Menschen vielfältige Perspektiven zur Teilhabe am Arbeitsleben. Sie versucht behinderten Menschen die Chance zu geben im allgemeinen Arbeitsmarkt eine Beschäftigung entsprechend ihren Fähigkeiten und Wünschen aufzunehmen. Die behinderten Menschen erhalten die Möglichkeit, mehrere leichte Tätigkeiten in verschiedenen Be-

---

[149] Aktion 5, Welche Möglichkeiten bietet die aktion5 schwerbehinderten Menschen?

[150] EBENA.

[151] Bundesagentur für Arbeit, Rehabilitanden.

[152] Bundesagentur für Arbeit, Förderung zur Teilhabe am Arbeitsleben.

trieben und Berufsfelder zu erproben und sich so möglicherweise zu qualifizieren. Während des Einsatzes am Arbeitsplatz wird der behinderte Arbeitnehmer durch geschulte Teilnehmerinnen und Teilnehmer der Bundesagentur begleitet. Ziel der Maßnahme ist es, Menschen mit Behinderungen nach erfolgreicher Qualifikation am Arbeitsmarkt zu vermitteln.

Die Maßnahme der Bundesagentur dauert in der Regel bis zu 24 Monate, kann jedoch im Einzelfall um weitere 12 weitere Monate verlängert werden. Die unterstützte Beschäftigungszeit gliedert sich während des Zeitraums der Maßnahme in drei Phasen.

In der Orientierungsphase werden zunächst geeignete Qualifizierungsplätze in Unternehmen gesucht und es soll versucht werden, sich in dem entsprechenden Unternehmen einzugliedern.

In der Qualifizierungsphase wird die unterstützte Einarbeitung und Qualifizierung im Betrieb angestrebt. In der dritten Phase, der Stabilisierungsphase, soll das Erlernte im betrieblichen Alltag gefestigt werden, um so eine dauerhafte Beschäftigung im Betrieb zu erreichen.[153]

Während der individuellen betrieblichen Qualifikation erhalten die Teilnehmer der Maßnahme Leistungen zum Lebensunterhalt durch die Bundesagentur für Arbeit. Bei Bedarf unterstützt das Integrationsamt während der anschließenden Beschäftigung die Mitarbeiter weiterhin mit Berufsbegleitung am Arbeitsplatz.

Die Unternehmen, die diese Maßnahme unterstützen, haben die Möglichkeit ihr Fachpersonal von einfachen Tätigkeiten und Assistenzaufgaben zu entlasten und können die dadurch freigewordenen Ressourcen wirtschaftlich einsetzen und nutzen.

Die Arbeitnehmerüberlassung sieht einen Arbeitseinsatz des Leiharbeitnehmers grundsätzlich bei dem Entleiher vor. Dieser Einsatz kann jedoch kurzfristig beginnen oder auch enden, so dass die arbeits-platznahe Einarbeitung und Eingliederung im Betrieb nicht optimal funktionieren kann. Die Maßnahme kann nur dann bei einem Zeitarbeitsunternehmen durchgeführt werden, wenn die Tätigkeit im Zeitarbeitsunternehmen direkt erfolgt oder die Betreuung und Anleitung des Teilnehmers durch eine Fachkraft des Zeitarbeitsunternehmens gewährleistet ist und die einschlägigen Bestimmungen in der Zeitarbeitsbranche eingehalten werden.

6.4 Beratungs- und Informationsmöglichkeiten für Betriebe und Unternehmen

Unternehmen können sich bei diversen Fragen zur Beschäftigung von behinderten Arbeitnehmern bei dem Integrationsamt, der Rehabilitationsträger sowie bei der Bundesagentur für Arbeit beraten lassen. Einige spezielle Beratungsmöglichkeiten werden im Folgenden aufgenommen und erläutert.

---

[153] Bundesagentur für Arbeit, Förderung zur Teilhabe am Arbeitsleben.

Diesen Anspruch auf Beratung haben grundsätzlich alle Betriebe: dazu gehörten demnach das Zeitarbeitsunternehmen, wie auch das Kundenunternehmen.[154]

6.4.1 Beratung und Information für Betriebe

Das Integrationsamt und die örtlichen Fürsorgestellen informieren in allen mit der Beschäftigung schwerbehinderter Menschen zusammenhängender Fragen (§ 102 II SGB IX). Sie sollen dabei helfen, dass die Integration von Behinderten gefördert und sichergestellt ist. Unterstützend stellt das Integrationsamt technische Fachdienste bereit, die bei der behindertengerechten Gestaltung von Arbeitsplätzen, Wohnungen und Kraftfahrzeugen, sowie bei Schwierigkeiten am Arbeitsplatz mitwirken können. Des Weiteren ist es verantwortlich für die Bereitstellung eines Integrationsfachdienstes zur Begleitung und Betreuung schwerbehinderter Arbeitnehmer auf dem Arbeitsmarkt.

6.4.2 Arbeitsmarktberatung

Die Arbeitsagentur ist für die Arbeitsmarktberatung behinderter Menschen verantwortlich und soll dazu beitragen, die Arbeitgeber bei der Besetzung von Ausbildungs- und Arbeitsstellen mit behinderten Arbeitnehmern zu unterstützen (§ 16 I SGB II i.V.m. § 34 SGB III). Die einzelnen Auskunftspflichten der Agentur sind in dem Katalog des § 34 I Nr. 1-6 SGB III aufgenommen. Außerdem wird die Agentur dazu angehalten, den Kontakt mit Unternehmen selbständig aufzunehmen, um so die Integration aktiv zu fördern (§ 34 II SGB III).

6.4.3 Integrationsfachdienste

Die Integrationsfachdienste sind Dienste Dritter, die bei der Durchführung der Maßnahmen zur Teilhabe schwerbehinderter und behinderter Menschen am Arbeitsleben beteiligt werden (§§ 109 – 115, § 102 II SGB IX). In der Regel werden sie durch die Bundesagentur für Arbeit zur Unterstützung beauftragt (§ 16 I SGB II i.V.m. § 37 I S. 1 SGTB III). Entwickelt haben sich die Integrationsfachdienste aus den bisherigen psychosozialen und berufsbgleitenden Diensten, welche die früheren Hauptfürsorgestellen nach dem bisherigen Schwerbehindertengesetz (SchwbG) bildeten. Sie sind neben der Agentur für Arbeit, dem Integrationsamt und den Rehabilitationsträger wichtige Ansprechpartner für Arbeitgeber bei der Beschäftigung von schwerbehinderten Menschen mit einem besonderen Bedarf an arbeitsbegleitender Betreuung, von behinderten Menschen in einer Werkstatt, von behinderten Schulabgängern oder von Menschen die von einer seelischen Behinderung bedroht sind.

Zu den Aufgaben der Integrationsfachdienste gehört zunächst generell die Beratung und Unterstützung der betroffenen behinderten Menschen selbst, sowie die Information und Hilfestellung für Arbeitgeber bei den unterschiedlichsten Problemsituationen bei der Teilhabe schwerbehinderter Menschen am Arbeitsleben. Die Integrationsfachdienste werden an den Aufgaben der gesetzlichen Leistungsträger, von denen sie beauftragt werden, beteiligt.

[154] Bundesagentur für Arbeit, Förderung zur Teilhabe am Arbeitsleben.

Die Verantwortung für die gesamte Aufgabenerledigung bleibt damit bei dem jeweiligen Auftraggeber.

6.4.4 Schulungs- und Bildungsveranstaltungen

Das Integrationsamt ist außerdem der richtige Ansprechpartner für diverse Aufklärungsmaßnahmen (§ 102 II SGB IX i.V.m. § 29 SchwbAV), auf die es mit Faltblättern, Informationsbroschüren etc. aufmerksam machen möchte. Sie bieten diverse Informationsveranstaltungen und Lehrgänge und Seminare, insbesondere auch für die Schwerbehindertenvertretung, an.

6.5 Sonstige Angebote

6.5.1 Förderung von Arbeitsbeschaffungsmaßnahmen (ABM)

Die Bundesagentur für Arbeit ist gem. § 16 I SGB II i.V.m. §§ 260 ff. SGB III Träger für die Arbeitsbeschaffungsmaßnahmen für die förderungsbedürftigen Arbeitnehmer. Zuschüsse der Bundesagentur für Arbeit werden in der Regel gewährt, wenn in den Maßnahmen zusätzliche und im öffentlichen Interesse liegende Arbeiten durchgeführt werden und die Träger oder die Unternehmen mit den Arbeitnehmern Arbeitsverhältnisse begründen.

6.6 Beurteilung der Behindertenförderung in der Zeitarbeit

Unternehmen nehmen häufig lieber die Zahlung einer Strafe in Kauf, anstatt behinderten Menschen einen Arbeitsplatz zu stellen. Diese mangelnden Informationen machen es behinderten Arbeitnehmern schwer auf dem Arbeitsmarkt Fuß zu fassen, obwohl sich hinter diesen Menschen oft ein ungeahntes Potential für Unternehmen verbirgt.

Auf der Suche nach den richtigen Mitarbeitern lohnt es sich für ein Unternehmen daher vielleicht, einen neuen Weg zu beschreiten – den Arbeitsmarkt der behinderten Menschen.

Häufig haben sich Unternehmen noch gar nicht mit der Problematik befasst, denn andere Angelegenheiten im Unternehmen besitzen besonders in der heutigen Zeit Priorität. Das Hauptproblem für die Agenturen für Arbeit besteht in der Kontaktaufnahme zu den Unternehmen. Die Firmen sind oft schlecht informiert und scheuen daher das Thema „behinderter Mitarbeiter". Sind die Vorurteile über Kosten und Unkündbarkeit erst einmal beseitigt, so eröffnen sich für den Arbeitgeber neue Möglichkeiten.

Rund 70 % der Lohn – und Zusatzkosten können von Ämtern in verschiedensten Varianten übernommen werden, wenn Unternehmen einen behinderten Arbeitnehmer beschäftigen oder auch entleihen. Diese Zuschüsse können alle Unternehmen beantragen, sogar die, die einen Behinderten in kein festes Arbeitsverhältnis sondern nur in ein befristetes Probeverhältnis übernehmen.

Behinderte Arbeitnehmer, die die Chance bekommen, sich in einem Unternehmen zu beweisen, danken diese oft mit Loyalität und hoher Einsatzbereitschaft. Folgendes Rechenbeispiel soll die Förderungsmöglichkeit durch Ämter verdeutlichen:

- Bruttogehalt für einen behinderten Arbeitnehmer: 1.300 €
- Förderung von den Ämtern (ca. 70 %): 840 €
- Restkosten für den Arbeitgeber: 360 €
- Ausgleichsabgabe gem. § 77 II S. 3 SGB IX 260 €

Eine Differenz von 100 € würde in dieser Konstellation bestehen. Es ist zu sehen, dass ein Arbeitsplatz für einen behinderten Arbeitnehmer womöglich geringfügig teurer ist, dieser jedoch bis rund 70 % von den Ämtern übernommen werden kann.

Gefördert werden bis zu 75 % des Bruttogehaltes für 12 bzw. 24 Monate in besonders schwerwiegenden Fällen, mit der Option auf eine unbefristete Verlängerung. Mit diesen Förderungsmitteln soll versucht werden, Langzeitarbeitslosigkeit durch subventionierte Beschäftigung zu verringern bzw. zu vermeiden.

Gerade Zeitarbeitsunternehmen könnten diese Möglichkeit nutzen, und so behinderte Menschen in den Arbeitsmarkt integrieren. Ihnen würden sehr geringe bzw. keine zusätzlichen Kosten bei der Beschäftigung entstehen. Dadurch ist es den Zeitarbeitsunternehmen möglich, behinderte Leiharbeitnehmer in Kundenunternehmen, zu einem geringen Verrechnungssatz als Anreiz einsetzen.

Problematisch ist hier die Auffassung der Bundesagentur für Arbeit, die vorschreibt, dass Maßnahmen nur dann für ein Zeitarbeitsunternehmen gewährt werden, wenn die Tätigkeiten im Zeitarbeitsunternehmen selbst erfolgt oder die Betreuung und Anleitung des Teilnehmers durch eine Fachkraft des Zeitarbeitsunternehmens gewährleistet ist und die außerdem einschlägigen Bestimmungen in der Zeitarbeitsbranche eingehalten werden.[155]

Innerhalb der Arbeitnehmerüberlassung sind diese Förderungsmöglichkeiten dementsprechend zum größten Teil kein Anreiz für Zeitarbeitsunternehmen für eine Einstellung von behinderten Leiharbeitnehmern. Sie sehen vor allem die möglich erhöhten Kosten einer Einstellung und schrecken demnach vor dieser zurück.

Das Förderungsprogramm für das Integrationsamt dagegen ist innerhalb der Arbeitnehmerüberlassung hilfreicher, da die Förderungsmöglichkeiten hauptsächlich direkt bei dem Kundenunternehmen ansetzten; dort, wo der behinderte Leiharbeitnehmer seinen Arbeitsplatz im technischen Sinne hat.

[155] Bundesagentur für Arbeit, GA § 46 SGB III – MAG, 46.04 (2)

7 Arbeitnehmerüberlassung als arbeitsmarktpolitisches Instrument für behinderte Arbeitnehmer

7.1 Eingliederungsprojekte für Behinderte innerhalb der Arbeitnehmerüberlassung

In der Vergangenheit gab es bereits einige arbeitsmarktpolitische Modelle, die versucht haben, benachteiligte Arbeitnehmer mit Hilfe der Arbeitnehmerüberlassung auf den ersten Arbeitsmarkt zu integrieren. Einschlägige Projekte bzw. Konzepte werden im Folgenden vorgestellt und hinsichtlich ihrer Vorgehensweise betrachtet.

7.1.1 1977 - START in den Niederlanden

Die Arbeitnehmerüberlassung gab es bereits bevor sie durch die Hartz-Kommission propagiert wurde. Das Grundmodell vermittlungsorientierter Arbeitnehmerüberlassung geht bereits auf die „START Niederlande" zurück.

Die „START NL" wurde 1977 unter Beteiligung vom niederländischen Staat und Arbeitnehmer- und Arbeitgeberkoalitionen als gemeinnützige, beschäftigungspolitische Initiative gegründet, um „Personen, die nicht sofort in eine feste Anstellung vermittelbar sind, zu fördern."[156] Das Projekt wurde gemeinsam von Arbeitnehmer – und Arbeitgeberorganisationen, sowie der öffentlichen Verwaltung getragen. Zu dem Vorstand gehörte unter anderem ein Repräsentant des niederländischen Behindertenrates.[157]

Innerhalb dieses Projektes wurde die Idee verfolgt, durch die Arbeitnehmerüberlassung Arbeitssuchende in ein reguläres Beschäftigungsverhältnis auf dem ersten Arbeitsmarkt zu vermitteln. Die Besonderheit bei diesem Projekt bestand darin, dass nur Arbeitssuchende vermittelt werden sollten, die bei den Arbeitsämtern als arbeitsuchende Personen aufgeführt wurden.

Gefördert wurden hauptsächlich Arbeitslose, die arbeitsmarktpolitischen Zielgruppen angehörten. Dazu zählten hauptsächlich **Behinderte**, Ausländer, ältere Arbeitsuchende über 45 Jahre, Langzeit-arbeitslose, sowie in den Beruf zurückkehrende Frauen.

Das Konzept von „START NL" basierte darauf, dass Arbeitslose mit Beschäftigungshemmnissen auf den ersten Arbeitsmarkt als Leiharbeitnehmer angeboten werden, so dass Unternehmen die Gelegenheit haben, Arbeitnehmer zu erproben ohne sie selbst einzustellen. In dem Fall einer Übernahme durch das Kundenunternehmen konnte das Leiharbeitsverhältnis jedoch vorzeitig beendet werden.

---

[156] *Berentschot B.* (1990): Berenschot-Bericht.

[157] *Winkler, A.(*2000): Zeitarbeit für Behinderte, S. 161 ff.

Die Schwierigkeiten bei der Vermittlung der speziellen Arbeitnehmergruppen sollte durch das sog. „Tragwellenprinzip" überwunden werden. Dies bedeutet, dass START einen hohen Anteil von Zielgruppen nur realisieren konnte, indem dem Kundenbetrieb auch gut qualifizierte Arbeitslose zur Verfügung gestellt wurden. Der Einsatz von Arbeitslosen mit Vermittlungshemmnissen sollte dadurch möglich gemacht werden, dass durch eine Kooperation mit Betrieben vorerst ein Vertrauensverhältnis aufgebaut wurde. Gerade durch die „Mischung" von Leiharbeitskräften ohne und mit vermittlungshemmenden Merkmalen sollte der Übergang von schwervermittelbaren Arbeitslosen in Betriebe befördert werden.

Ein wesentlicher Erfolgsfaktor dieses Projektes war demnach eine starke Nachfrageorientiertheit mit einer guten Matchingqualität der Arbeitnehmerqualifikationen. Außerdem sollten auf der Arbeitsangebotsseite vermehrt Qualifizierungsangebote die Vermittelbarkeit weiter erhöhen.

Denn neben den Aufgaben der Vermittlung und Überlassung, sah die „START NL" zusätzlich Qualifizierungsmaßnahmen vor, die zur Überbrückung der verleihfreien Zeiten dienen und gleichzeitig die Beschäftigungschancen der benachteiligten Arbeitnehmer verbessern sollten. Diese Qualifizierungsmaßnahmen wurden durch den Staat, sowie durch die Erlöse der Arbeitnehmerüberlassung gefördert.

Die zielgerichtete Ausrichtung auf die Anforderungen der Entleiher war demnach die Stärke dieses Konzeptes.

Folgende Statistik soll den Erfolg und die Entwickelung des START Projektes veranschaulichen.[158]

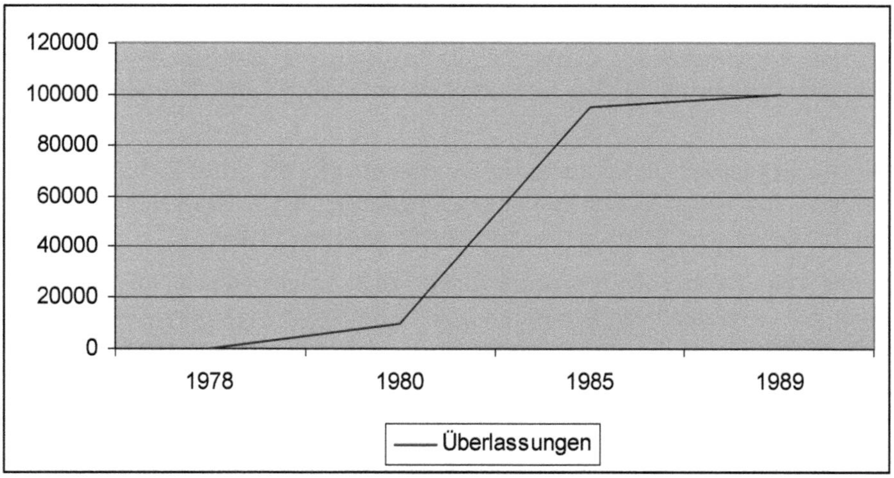

Abbildung 5: START NRW: Überlassungsdauer von Leiharbeitnehmern [159]

---

[158] *Winkler, A.*(2000): Zeitarbeit für *Behinderte, S. 161 ff.*

Die Grafik zeigt innerhalb einer Zeitspanne von elf Jahren deutlich einen rapiden Anstieg der Überlassungen. Im ersten Geschäftsjahr betrug die Anzahl der Überlassungen lediglich 1.730. In den Folgejahren konnte jedoch ein hoher Anstieg erreicht werden, so dass im Jahre 1989 die Marke von 100.000 Einsätzen bei einem Zielgruppenanteil von 34,2 % übersprungen wurde.

Problematisch war jedoch, dass durch den rapiden Anstieg ein Mangel an potentiellen Arbeitnehmern von „START NL" zu verzeichnen war. Um mehr benachteiligte Arbeitnehmer zu erreichen, wurden Mitte der 90er Jahre verschiedene neue Projekte initiiert.

Dementsprechend wurde 1997 die START Tochtergesellschaft „Stichting Start Kans" gegründet, die auf dem Gebiet des „supported employment" tätig ist. Ziel dieser Gesellschaft war es Menschen mit Behinderungen, die auf dem Weg der regulären Arbeitsvermittlung keine Chance haben, Stellen auf dem allgemeinen Arbeitsmarkt zu vermitteln. Im Gegensatz zu der regulären Arbeitsvermittlung stellten in diesem Modell die Leistungsmöglichkeiten der Arbeitslosen den Mittelpunkt der Arbeitsplatzsuche dar. Um auftretende Schwierigkeiten am Arbeitsplatz schnell und effektiv zu lösen, wurde während der Beschäftigung des behinderten Arbeitnehmers eine intensive Betreuung durch s.g. Jobcoaches gewährleistet, die schon vor Arbeitsbeginn erfolgte. Durch diese Dienstleistung, die zu einer optimalen Einarbeitung führen sollte, wurde auch das Risiko des Arbeitgebers verringert.[160]

Zusammenfassend kann man dieses Konzept als rein soziales Konzept ansehen, das durch staatliche Subventionen gefördert wurde. Durch das „Tragwellenprinzip" und durch die besonderen Qualifizierungsmaßnahmen ist es „START NL" gelungen, schwervermittelbare Personengruppen in den ersten Arbeitsmarkt zu führen.

Die Leiharbeitnehmerbranche sprach sich jedoch insbesondere gegen die staatliche Förderung aus, da auch gewerbliche Verleiher Arbeits-losen mit Beschäftigungshemmnissen Chancen auf dem ersten Arbeitsmarkt eröffnen wollten.

Ab 1996 wurde „START NL" schrittweise privatisiert und die Förderung eingestellt. Seit dem Jahr 2003 ist der niederländische gewerbliche Verleiher „United Services Group NV" hundertprozentige Muttergesellschaft von „START NL".

Von da an ist START NL bis heute nunmehr rein kommerziell ausgerichtet.

7.1.2 1991 - Der „Gemeinnützige Personaldienst" (GPD)

Mitte des Jahres 1991 wurden in Duisburg und Weinsberg vom Bundesministerium für Gesundheit zwei Modellprojekte für eine Laufzeit von drei Jahren entworfen, die die Eingliederung von behinderten Menschen erproben sollten.[161] Idee dieser Projekte war es,

[159] *Eigene Darstellung, Quelle: Winkler*, A.(2000): Zeitarbeit für Behinderte, S. 161 ff.

[160] *Winkler, A.*(2000): Zeitarbeit für Behinderte, S. 161 ff.

[161] *Winkler, A.*: Zeitarbeit für Behinderte, S. 155.

gemeinnützige Beschäftigungsgesellschaften mit der Arbeitnehmerüberlassung zu verknüpfen, um so Behinderten eine bessere Beschäftigungschance auf dem Arbeitsmarkt zu bieten.

Durch diese Projekte sollte versucht werden, die hohen Zugangsschwellen in den allgemeinen Arbeitsmarkt und die geringen Übergangsmöglichkeiten aus den Werkstätten für Behinderte zu verbessern. In dieser Konstellation sollte die Übernahme von Ausfall- und Kündigungsrisiko bei dem Zeitarbeitsunternehmen liegen, und so den Kundenunternehmen Anlass bieten, vermehrt auch Behinderte eine Beschäftigungschance zu geben.

Das Projekt wurde unter der Trägerschaft einer Arbeitsgemeinschaft von drei psychosozialen Hilfsvereinen gegründet und umfasste ein breites Angebot. Ziel dieser besonderen Leiharbeitsfirma war es, das Arbeitgeberrisiko für einen behinderten Arbeitnehmer zu tragen, und gleichzeitig eine unterstützte Integration am Arbeitsplatz zu gewährleisten. Die direkte Vermittlung der behinderten Arbeitnehmer sollte gegenüber dem Verleih von Arbeitskräften jedoch vorrangig angesehen werden. Das Projekt wurde jedoch nach den drei Monaten eingestellt, weil eine gesunde wirtschaftliche Basis nicht erreicht werden konnte, und weitere Finanzquellen und Förderungsmöglichkeiten nicht erschlossen werden konnten.

Außerdem scheiterte das Modell in Duisburg daran, dass Kundenunternehmen einen behinderten Arbeitnehmer mit einem erhöhten Einarbeitungszeitraum und mit einer erhöhter Betreuung assoziieren. Förderlich wäre dagegen dieses Projekt gewesen, wenn eine gewisse Anzahl nicht behinderter Leiharbeitnehmer in dem Zeitarbeitsunternehmen tätig gewesen wären, die ein Leistungsdefizit des behinderten Arbeitnehmers in dem Kundenunternehmen auffangen hätten können.

Das zweite Projekt in Weisberg stand dagegen unter der Trägerschaft eines Hilfsvereins für psychisch Kranke. Innerhalb dessen konnten 17 Personen, die vorher zumeist Rehabilitationsmaßnahmen durchlaufen hatten, vermittelt werden. Jedoch ist anzumerken, dass dies 14 Personen dieses Projektes ohne Umwege über den Verleih gelang.[162]

Hauptproblem bei dem Verleih von behinderten Arbeitnehmern bestand für das Unternehmen in einer fehlenden Nachfrage auf Seiten des Kundenunternehmen, die das Erreichen der quantitativen Vermittlungsziele und damit eine kostendeckende Arbeitsweise verhinderten. Außerdem konnte man aufgrund des hohen finanziellen Risikos und wegen stets unbefristeten Verträgen nicht auf die Bedienung kurzfristiger Aufträge des Kundenunternehmens reagieren. Für die Kundenunternehmen war der Anreiz der Risikoübernahme durch das Zeitarbeitsunternehmen im Gegensatz zu vielfältigen Förderungsmöglichkeiten bei einer Direkteinstellung durch die Bundesagentur für Arbeit eher unbedeutend. „Auch unter Berücksichtigung von Förderungsmitteln erscheint der eigenständige Betrieb einer Verleihgesellschaft für psychisch Behinderte unter den heutigen wirtschaftlichen Rahmenbedingungen wenig sinnvoll“, so auch das Bundesministerium für Gesundheit. Für das

[162] *Winkler, A.*: Zeitarbeit für Behinderte, S. 155.

Verleihunternehmen ist jedoch eine Direktvermittlung für die Wirtschaftlichkeit nachteilig, weil in diesem Fall keine Einnahmen aus Verleihgebühren zu verzeichnen sind.

Zusammenfassend lässt sich sagen, dass die Projekte keine wirtschaftliche Basis mit der alleinigen Arbeitnehmerüberlassung von behinderten Menschen erreichen konnte, ohne zusätzliche Finanzquellen zu bekommen. Alleine die Risikoübernahme des Zeitarbeitsunternehmens stellt für Kundenunternehmen keinen Anreiz dar, weil sie dennoch den Einsatz eines behinderten Leiharbeitnehmers mit einer erhöhten Betreuung assoziieren.

Aufgrund der fehlenden wirtschaftlichen Struktur, insbesondere nicht praktizierten Matchingmethode, sind diese Projekte gescheitert.

Aufgrund dessen entschloss das Unternehmen 1994 die Verleihtätigkeit im Rahmen einer Integrationsfirma weiter fortzusetzen, um so eine wirtschaftlich gesunde Basis des Unternehmens zu erreichen und auch kurzfristige Aufträge bedienen zu können.[163]

7.1.3 1994 - Die gemeinnützige Arbeitnehmerüberlassung der bfz

Die gemeinnützige Arbeitnehmerüberlassung der Beruflichen Fortbilungszentren der Bayrischen Wirtschaft (bfz) mit Sitz in München zählt zu den größten Projektträgern im süddeutschen Raum.[164]

1994 wurde dort ein Modell der Leiharbeit eingeführt, um Arbeitslose vorübergehend an Betriebe zu vermitteln, um schließlich eine Übernahme in ein festes Dauerarbeitsverhältnis zu erreichen.

Die Zielgruppe dieses Modells stellen Arbeitslose dar, die zuvor nicht auf dem Arbeitsmarkt vermittelbar waren. Unter ihnen sind Langzeit-arbeitslose, Schwerbehinderte, Sozialhilfeempfänger und rehabilitierte Suchtkranke.

Bis Mitte 1998 wurden in Bayern an 12 Standorten insgesamt 19 Projekte zur Arbeitnehmerüberlassung gegründet.

Die Maßnahmen wurden hauptsächlich durch die Verleihgebühren finanziert; eine zusätzliche Förderung erfolgt durch die örtlichen Bundesagenturen für Arbeit sowie das Bayerische Staatsministerium für Arbeit und Sozialordnung.

Diese Form der Arbeitnehmerüberlassung arbeitet nicht gewinn-orientiert, so dass eventuelle Überschüsse für die weitere Integration von Arbeitslosen genutzt werden kann.[165]

Die Arbeitslosen werden innerhalb dieser Arbeitnehmerüberlassungsvariante bereits vor einer möglichen Vermittlung an ein Kundenunternehmen eingestellt, sofern eine grundsätz-

---

[163] *Winkler, A.(2000):* Zeitarbeit für Behinderte, S. 161 ff.

[164] *Winkler, A.*(2000): Zeitarbeit für Behinderte, S. 161 ff.

[165] *Winkler, A.*: Zeitarbeit für Behinderte, S. 150 ff.

liche Eignung im Rahmen eines Vorstellungsverfahrens festgestellt worden ist. Hier liegt ein Unterschied zu der Vorgehensweise von START. In dem Modell der bfz erfolgt eine enge Zusammenarbeit mit der örtlichen Arbeitsverwaltung, die geeignete Arbeitslose vorschlägt.[166]

Voraussetzung für die Teilnahme an diesem Modell ist grundsätzlich ein Leistungsanspruch des Bewerbers (Arbeitslosengeld oder Arbeitslosenhilfe) sowie die Förderfähigkeit nach Fortbildung und Umschulung. Die Einstellung von den Arbeitslosen durch das Zeitarbeitsunternehmen erfolgt in der Regel befristet für die Dauer von 11 Monaten. Sollten die Arbeitslosen nicht direkt an Kundenunternehmen vermittelt werden können, so werden sie durch Qualifizierungsmaßnahmen gefördert.

Ziel, jedoch keine Bedingung ist es, eine Übernahme des Leiharbeitnehmers im Kundenunternehmen zu erreichen. Da der Arbeitsvertrag zwischen Zeitarbeitsunternehmen und Leiharbeiter in der Regel nur befristet ist, kommt es in dem Fall der Unvermittelbarkeit oder Nichtübernahme in ein dauerhaftes Arbeitsverhältnis bei dem Kundenunternehmen häufig erneut zur Arbeitslosigkeit.

Dennoch zeigen die Zahlen aus dem Jahresbericht einen sehr positiven Trend auf. So konnten rund 64 % der Behinderten und Sucht-kranken (18 Personen) in ein reguläres Arbeitsverhältnis vermittelt werden. Die Zahl der Mitarbeiter nimmt stetig zu, so dass mit einer wie-teren intensiven Nutzung dieses Vermittlungsinstruments gerechnet werden kann.[167]

Die Summe dieser Erfahrungen und Ergebnisse hat auch dazu beigetragen, dass die Arbeitnehmerüberlassung in gemeinnütziger Trägerschaft bzw. die vermittlungsorientierte Arbeitnehmerüberlassung als bundesweites Modell gegen die Arbeitslosigkeit diskutiert wurde und einen maßgeblichen Beitrag zur Entwicklung des Konzeptes der PersonalService-Agenturen (PSA) geleistet hat.

Zu den beiden Produktlinien gemeinnützige/vermittlungsorientierte Arbeitnehmerüberlassung und PSA, wurde aus strategischen Gründen parallel die gewerbliche Zeitarbeit, unter der Marke procedo by gps mbH, implementiert.

Procedo ist ein Markenverbund mit zwei weiteren Bildungswerken der Wirtschaft (Hessen, Sachsen-Anhalt) in Deutschland. So verfügt procedo über ein umfassendes Kompetenz-Netzwerk mit 40 Niederlassungen in acht Bundesländern mit ca. 2.000 Verleihkräften.

7.1.4 1995 - START Zeitarbeit NRW

Nach einer erfolgversprechenden Pilotphase von START wurde 1995 „START Zeitarbeit NRW“ gegründet.

---

[166] *Winkler, A.*: Zeitarbeit für Behinderte, S. 150 ff.

[167] *Winkler, A.*: Zeitarbeit für Behinderte, S. 155 ff.

Neben der niederländischen „START NL" war nun auch eine Vielzahl öffentlicher und gesellschaftlicher Institutionen von Gewerkschaften bis zu Arbeitgeberverbänden als Gesellschafter beteiligt. Durch eine erhebliche Finanzierung aus Bundes- und Landesmitteln konnten zahlreiche neue Niederlassungen in NRW nach Abschluss der Pilotphase gegründet werden. Derzeit ist START Zeitarbeit NRW GmbH mit 31 Niederlassungen in ganz Nordrhein-Westfalen vertreten.

Der aktuelle Geschäftsbericht aus dem Jahr 2007 verzeichnet folgende positive Zahlen zur Einstellung und Übername von behinderten Leiharbeitnehmern.

Einstellungen gesamt:	**2.617**	
Behinderte:	72	(2,8 %)
Übernahmen:	**1.296**	
Behinderte:	10	(rund 14 %)[168]

Herr Oberste-Beulmann (Geschäftsführer von START Zeitarbeit NRW in Duisburg) übermittelte folgende aktuelle Zahlen aus dem Jahre 2008:

Einstellung von Behinderten:	**33**
Übernahmen von Behinderten:	**20 (rund 61 %)**

Aufgrund der schon längeren Tätigkeitszeit in Deutschland, lassen sich über die Veränderungen im Zeitablauf einige Rückschlüsse auf Probleme, Zielkonflikte und Erfolgshemmnisse bei der Vermittlung von behinderten Leiharbeitnehmern ziehen.

Deutlich ist, dass einer eindeutigen Schwerpunktsetzung auf arbeits-marktpolitische Problemfälle Grenzen gesetzt sind, wenn sich das Arbeitnehmerüberlassungsprojekt alleine auf die Problemfälle beschränkt. Diese lässt wiederum darauf schließen, dass eine wirtschaftliche Ausrichtung der Arbeitnehmerüberlassung essentiell für einen Erfolg ist.

Folgende Tabelle soll den Eingliederungserfolg von benachteiligten Zielgruppen darstellen:

	Anteil an Neuein-stellungen in %	Anteil an Übergängen in %
Keine Zielgruppe	48,7	59,0
Zielgruppe	51,3	41,0
... davon Behinderte	**2,9**	**2,2**
... davon über 50 Jährige	4,9	5,5
... davon Langzeitarbeitslose	44,3	39,3
... davon Berufsrückkehrerinnen	2,4	5,2
... davon Ausländer	31,0	31,7
... davon Geringquali-fizierte	14,1	16,0

Tabelle 4: START NRW: Zielgruppenspezifischer Eingliederungserfolg 1995-1997[169]

[168] START Zeitarbeit NRW: Jahresbericht 2007.

[169] *Winkler, A.*(2000): Zeitarbeit für Behinderte, S. 164 ff.

Bei der Gruppe der Behinderten kristallisiert sich deutlich heraus, dass der Wiedereingliederungserfolg leicht geringer ist, als es ihr Anteil an den Zielgruppen vermuten lässt. Die Zeit als Leiharbeitskraft hat bei dieser Gruppe folglich einen geringeren positiven Effekt, als bei den anderen Zielgruppen.

Im Vergleich zu der Modellphase von 1992-1994 zeigt die Anschlussphase jedoch eine deutliche Verbesserung der Vermittlung der behinderten Leiharbeitnehmer auf.

Folgende Tabelle stellt die Eckdaten der Modellphase und der Anschlussphase gegenüber.

	Modellpase 1992-1994	START NRW 1995-1997
Neueinstellungen	490	5.851
Behinderte	3 (0,6 %)	88 (1,5 %)

Tabelle 5: START NRW: Eckdaten Modellphase und Anschlussphase[170]

Die Werte zeigen deutlich einen Anstieg von den Neueinstellungen von behinderten Arbeitnehmern und einen prozentualen Anstieg zu den absoluten Neueinstellungen.

Das Konzept der „START NRW" ist sehr erfolgversprechend, und lässt weiterhin auf positive Vermittlungen von behinderten Arbeitnehmern hoffen.

7.1.5 2009 - „We work together"

Die soziale Einrichtung „Caritas" und das Zeitarbeitsunternehmen „Manpower" sind in Österreich eine Kooperation 2009 eingegangen, bei der sie mit ihrem jeweiligen Know-How gemeinsam versuchen, Behinderte in den ersten Arbeitsmarkt mit Hilfe der Arbeitnehmerüberlassung zu vermitteln.

Mit finanzieller Unterstützung des Bundessozialamts ist es seit dem Start des Projektes „We work together" am 4. Mai 2009 bereits gelungen, 16 Personen zu verleihen. Zielsetzung dieses Projektes ist es, dass die Menschen, mit den unterschiedlichsten Beeinträchtigungen nach sechs Monaten vom Betrieb, in dem sie durch den Verleih eine durchschritten haben, übernommen werden. Drei angestellte Personalberater beschäftigen sich ausschließlich damit, die fachliche und persönliche Eignung der Kandidaten mit dem Anforderungsprofil, das die Firmen haben, abzugleichen. Kommt es zu einer Vermittlung wird der Betroffene bei Manpower angestellt und an die Firma verliehen. Manpower übernimmt innerhalb des Projektes sämtliche Behördenwege und die Abwicklung von Förderanträgen", erläutert Josef Buttinger, Manpower-Manager Österreich Mitte.[171]

Das Projekt verfolgt das Ziel Vorurteile abzubauen und den Betroffenen eine Chance zu geben, sich auf dem Arbeitsmarkt zu behaupten. Potentielle Leiharbeitnehmer werden für

[170] *Winkler, A.*(2000): Zeitarbeit für Behinderte, S. 164 ff.

[171] Rundschau Österreich: Caritas und Manpower: "We work together".

eine sechsmonatige Probephase verliehen. Das Projekt ist aktuell angelaufen und lässt auf eine gute Erprobungsphase hoffen.

7.2 Die Chancen für Schwerbehinderte

Die Tendenz der Projekte zeigt, dass behinderte Arbeitnehmer in der vermittlungsorientierten Arbeitnehmerüberlassung bislang generell unterrepräsentiert sind.

Zusammenfassend lässt sich sagen, dass sich bei den Projekten zwei Grundrichtungen herauskristallisieren.

Auf der einen Seite steht z.B. START NRW, die sich neben den benachteiligten Arbeitnehmergruppen auch auf die uneingeschränkt leistungsfähigen Arbeitssuchenden konzentriert hat. Durch diese Struktur konnte eine wirtschaftliche Basis erreicht und daher auch eine gute Reputation gewonnen werden.

Auf der anderen Seite stehen Projekte, wie zum Beispiel der GPD, der sich noch mehr den Benachteiligten auf dem Arbeitsmarkt widmet.[172] Problematisch ist hierbei, dass bei einer zunehmenden Spezialisierung auf tatsächlichen Leistungsgeminderten die Eingliederung in eine reguläre Beschäftigung sehr schwierig ist. In dieser Spezialvariante sind ergänzende Hilfen wie Lohnkostenzuschüsse unerlässlich und notwendig.

Zusammenfassend lässt sich sagen, dass die Arbeitnehmerüberlassung mit benachteiligten Arbeitnehmergruppen durchaus erfolgreich seien kann, wenn die Struktur des Zeitarbeitsunternehmen nicht allein sozial, sondern wirtschaftlich ausgerichtet ist.

7.2.1 Ergebnis einer schriftlichen Befragung

Obwohl zahlreiche Studien zur Wirkungsweise und Verbreitung der Arbeitnehmerüberlassung als arbeitsmarktpolitisches Instrument existieren, wird die Gruppe der Behinderten oft aufgrund ihres geringen Anteils an speziellen Zielgruppen nicht berücksichtigt.

Eine Ursachenanalyse gerade in Bezug auf behinderte Arbeitslose ist jedoch essentiell. Aus dem Grund führte Achim Winkler eine schriftliche Befragung im Jahr 1998 durch, bei der er sich ausschließlich an die Träger der wiedereingliederungsorientierten Arbeitnehmerüberlassung wendete.

Der Fragebogen umfasste 21 Fragen, die häufig noch in einzelne Teilfragen gegliedert waren. Die Fragen beziehen dich auf drei Bereiche: allgemeine Angaben (Gründung, konzeptionelles Vergehen, Finanzierung), statistische Angaben (Beschäftigungsdauer, Zielgruppenanteil, Wiedereingliederungserfolge) und persönliche Einschätzungen (Erfolgsfaktoren, Chancen und Hemmnisse für Behinderte, Verbesserungsmöglichkeiten, Perspektiven). Innerhalb dieser Studie wurden fünf Gesellschaften im südwestdeutschen Raum be-

---

[172] *Winkler, A.*(2000): Zeitarbeit für Behinderte, S. 164 ff.

fragt, um so Erkenntnisse zu den Chancen und Grenzen der Arbeitnehmerüberlassung für Behinderte zu gewinnen.[173]

Zunächst bestätigt sich das Bild, dass Behinderte von dem Instrument der Arbeitnehmerüberlassung nicht hinreichend profitieren können. Oft sei es lediglich ein Zufall, dass Behinderte in den Projekten zur Arbeitnehmerüberlassung beschäftigt sind. Die Kommunikation von den Projekten zu Behinderten und von Behinderten zu Projekten ist in der Regel eher suboptimal.

Neben diesem Grund machen die Projektträger außerdem die Vorbehalte auf Seiten der Entleiherbetriebe und potentiellen zukünftigen Arbeitgeber hinsichtlich der Beschäftigung Behinderter für den geringen Erfolg für Behinderte in der Arbeitnehmerüberlassung verantwortlich. Hauptsächlich bestehen diese Vorbehalte gegenüber einer geringen Leistungsfähigkeit behinderter Arbeitnehmer und zum anderen auf die Wirkung des Kündigungsschutzes und weiterer Sonderregelungen für Behinderte.

Die Vermutung, dass diese Vorurteile durch die Arbeitnehmerüberlassung abgebaut werden können, scheint sich demnach nicht zu bestätigen. Die Regel des Kündigungsschutzes wird häufig kritisch betrachtet, weil das „Kennenlernen“ während der Einsatzzeit häufig nicht ausreichend ist und somit kein unbefristetes Arbeitsverhältnis begründet wird. Denn auch nach dem erfolgreichen Durchlaufen einer Testphase bleiben überdurchschnittliche Beschäftigungsrisiken, etwas aufgrund einer schwankenden Produktion, bestehen. Daher wird die Einstellung von behinderten Arbeitnehmern häufig als riskant eingeschätzt, wenn diese mit größeren Einschränkungen der Dispositionsfreiheit verbunden ist.[174]

Vorurteile die eine geringe Leistungsfähigkeit von Behinderten begründet minimieren eine reguläre Beschäftigung bereits auch auf Seiten des Verleihers, so dass der Sprung eines Behinderten in die Verleihtätigkeit erst gar nicht erreicht werden kann. Die Ergebnisse deuten insgesamt darauf hin, dass sowohl auf Seiten der Verleihfirmen als auch auf Seiten der Entleiherbetriebe die fehlende Notwenigkeit, Behinderte zu beschäftigen, eine große Rolle spielt, solange genügend geeignete andere Arbeitssuchende mit subjektiv geringeren Vermittlungsproblemen zur Verfügungen stehen.

[173] *Winkler, A.*(2000): Zeitarbeit für Behinderte, S. 164 ff.

[174] *Winkler, A.*(2000): Zeitarbeit für Behinderte, S. 164 ff.

8 Varianten und Anregungen für die arbeitsmarktpolitischen Implikationen in der Zeitarbeit

Diese Arbeit zeigt, dass die Variante der Arbeitnehmerüberlassung für behinderte Menschen optimiert werden kann und sollte. In der Ausarbeitung wurde bereits festgestellt, dass die Zielgruppen bezogene Arbeitsmarktpolitik auch kontraproduktive Effekte aufweisen kann, indem sie die Stigmatisierung der Teilnehmer und Begünstigten verstärkt und die Beschäftigungskosten erhöht. Folgende Ansätze stellen mögliche Verbesserungsvorschläge dar:

8.1 Mehrfachanrechnung der Ausgleichsabgabe

Eine Erhöhung des Anreizsystems zur Arbeitsaufnahme von Behinderten in der Zeitarbeit sollte durchgesetzt werden, um so die Integration von Behinderten zu gewährleisten.

Das Interesse, behinderte Arbeitnehmer im Rahmen der Arbeitnehmerüberlassung zu beschäftigen ist aktuell noch sehr gering.

Dies liegt unter anderem daran, dass schwerbehinderte Mitarbeiter eines Zeitarbeitsunternehmens zwar bei der Berechnung der Ausgleichsabgabe des Zeitarbeitsunternehmens berücksichtigt werden, nicht jedoch zur Senkung der Ausgleichsabgabe des entleihenden Unternehmens herangezogen werden. Zeitarbeitsunternehmen nehmen daher häufig die eher geringe Ausgleichsabgabe in Kauf, weil sie eine finanzielle Mehrbelastung bei der Einstellung eines Behinderten befürchten und davon ausgehen, dass für die Kundenunternehmen kein Anreiz besteht, behinderte Arbeitnehmer zu entleihen. Demnach sollte die Ausgleichsabgabe für alle Unternehmen deutlich erhöht werden, damit die Einstellung eines Behinderten die effiziente Alternative darstellt.

Auf der Seite der Kundenunternehmen sollte außerdem ein Anreizsystem geschaffen werden, um einen behinderten Arbeitnehmer zu entleihen. Es wäre sinnvoll, eine Quotenanrechnung für behinderte Arbeitnehmer in dem Kundenunternehmen durchzusetzen. Eine Quotenanrechnung auf Seiten des Kundenunternehmens könnte so einen Anreiz bieten, dass behinderte Arbeitnehmer auf Dauer entliehen werden können.

Für den Zeitraum der Überlassung sollte das Kundenunternehmen, welches den Mitarbeiter in sein Unternehmen integriert, diesen Mitarbeiter ebenfalls zur Reduzierung seiner Ausgleichsabgabe anrechnen lassen können. Das Prinzip der Mehrfachanrechnung gibt es bereits in einem anderen Zusammenhang, so dass auch zu diesem Zweck nicht systemwidrig erscheinen würde, eine solche Änderung vorzunehmen.

Des Weiteren wäre eine Doppelanrechnung interessensgerecht und würde die besondere Stellung der Arbeitnehmerüberlassung zutreffen darstellen, denn für sie gilt, dass der Arbeitnehmer des Zeitarbeitsunternehmens komplett in den Betrieb des entleihenden Unternehmens und dessen Arbeitsablauf eingebunden ist. Bereits im Betriebsverfassungsgesetz wird diesem Umstand durch das Wahlrecht der Zeitarbeitnehmer im Kundenunternehmen Rechnung getragen.

8.2 Reduzierung der behindertenspezifischen Beschäftigungskosten

Grundsätzlich ist es zwingend notwendig, dass die Beschäftigung Behinderter keine höheren Kosten verursacht als die Beschäftigung von nicht beschränkten Arbeitnehmern. Die derzeitigen Sonderregelungen in den Bereichen Kündigungsschutz und Sonderurlaub erweisen sich jedoch unter Umständen als kontraproduktiv im Hinblick auf die Arbeitsmarktchancen von Schwerbehinderten in der Zeitarbeit.

Ein Lösungsansatz besteht in einer Angleichung der Beschäftigungskosten, so dass eine Verbesserung der Kosten-Erlös-Situation zugunsten Schwerbehinderter und damit zu einer Verbesserung der Einstellungschancen dient.

Außerdem ist zu beachten, dass viele behinderte Menschen keine Sonderbehandlung wünschen und diese häufig selbst ablehnen. Es ist zu überlegen, ob sich der gewünschte Schutz bestehender Arbeitsverhältnisse nicht durch einen Abbau der Zusatzkosten und möglicherweise durch die Anreize aus einer erhöhten Ausgleichsabgabe erreichen ließe. In diesem Fall würden die Risikoabwägung von Zeitarbeitsunternehmen und die Scheu vor verlängerten Kündigungsverfahren minimiert werden und die Einstellungschancen von Behinderten erhöhen.[175]

8.3 Überarbeitung der besonderen Kündigungsschutzregelungen

Grundsätzlich hat der Kündigungsschutz die Aufgabe den Erhalt von Arbeitsplätzen schwerbehinderter Arbeitnehmer zu gewährleisten und so die Integration und Teilhabe von behinderten Menschen im Arbeitsleben zu sichern. Da sich diese Maßnahme jedoch wie oben bereits erläutert, einstelungshemmend auswirken kann, sind die Regelungen zum Kündigungsschutz zu überarbeiten. Die Regelungen – die ohne Zweifel ihren Sinn haben – müssen deutlicher differenziert und transparent sein. Die müssen für den Arbeitgeber nachvollziehbar und in ihren Risiken abschätzbar sein.

Ein möglicher Ansatz wäre, die Formalitäten im Antragsverfahren auf Zustimmung zu einer Kündigung zu reduzieren. Aus § 87 I S. 1 SGB IX ergibt sich, dass für ein rechtswirksames Antragsverfahren auf Zustimmung zur Kündigung beim Integrationsamt der Antrag als Urkunde mit eigenhändiger Unterschrift des Antragsstellers ausgestaltet sein muss. Dieses Verfahren ist sehr formal und könnte durch eine Fernkopie mittels Fax rechtswirksam gemacht werden.

---

[175] *Winkler, A.:* Zeitarbeit für Behinderte, S. 105 ff.

Des Weiteren ist anzustoßen, ob es Sinn macht, den rechtlichen Prüfungsumfang des Integrationsamts zu reduzieren. Die Zustimmung des Integrationsamts zur Kündigung eines behinderten Arbeitnehmers soll sicherstellen, dass alle Umstände der Kündigung betrachtet werden. Jedoch ist es nicht erforderlich, dass das Integrationsamt rechtliche Angelegenheiten beurteilt, die den Arbeitsgerichten zugesprochen werden müssten. Betreffen die Kündigungsgründe des Schwerbehinderten nicht die Behinderteneigenschaft, so sollte die Entscheidungskompetenz des Integrationsamts nicht greifen.

Ein weiterer Ansatz zu Optimierung besteht in einer Abänderung von § 88 I SGB IX in dem Punkt, dass die Entscheidung für einen Antrag auf Zustimmung des Integrationsamts nicht innerhalb einen Monats erfolgen soll, sondern muss. Wird diese Frist dann nicht eingehalten, würde die Zustimmung als erteilt gelten, wie dies auch in Fällen der außerordentlichen Kündigung oder gem. § 89 SGB IX der Fall ist.

Erschwerend ist außerdem, dass der behinderte Arbeitnehmer im Falle der Kündigung einen doppelten Rechtsschutz hat.

Der behinderte Arbeitnehmer hat wie jeder Arbeitnehmer den arbeitsrechtlichen Kündigungsschutz nach dem Kündigungsschutzgesetz. Er kann damit vor dem Arbeitsgericht geltend machen, dass eine Kündigung sozial nicht gerechtfertigt ist.

Diesem Rechtsweg geht jedoch das Verfahren des besonderen Kündigungsschutzes nach dem Schwerbehindertengesetz voraus. Problematisch ist, dass sich durch diese zwei Rechtswegmöglichkeiten der Kündigungsprozess in die Länge ziehen und stark ausgedehnt werden kann.

Diese vier Maßnahmen würden die Kündigungsregelung für behinderte Arbeitnehmer erheblich transparenter machen, und dem Arbeitgeber die Möglichkeit geben, die Risiken abzuschätzen und abzuwägen.

8.4 Zielgruppenmarketing

Die Verringerung von Vorbehalten gegenüber von behinderten Arbeitnehmern ist ebenso essentiell und für eine erfolgreiche Integrierung zwingend notwendig.

Besonders die Aufklärung über den (nicht vorhandenen) Zusammenhang zwischen Grad der Behinderung und der Produktivität eines behinderten Arbeitnehmers sollte genauer betrachtet werden. Außerdem sollte darauf Aufmerksam gemacht werden, dass behinderte Arbeitnehmer häufig sehr motiviert sind, eine entsprechende Arbeitsleistung erzielen und so eine Bereicherung für den Betrieb darstellen.[176]

Des Weiteren ist eine Aufklärung über die tatsächliche Reichweite des Kündigungsschutzes für behinderte Arbeitnehmer äußerst wichtig.

---

[176] *Winkler, A.:* (2000): Zeitarbeit für Behinderte, S. 105 ff.

Ebenso ist zu kritisieren, dass die Informationen über zahlreiche Förderungsmöglichkeiten nicht weit genug verbreitet sind. Unternehmen sehen sich häufig vor einer Vielzahl von Ansprechpartner und Trägern arbeitsmarktpolitischer Maßnahmen gestellt und verlieren so häufig den Überblick über die Maßnahmen zur Unterstützung.

8.5 Erhöhung der Qualifizierungsanstrengungen

Häufig gelten schwerbehinderte Arbeitnehmer als gering qualifiziert, so dass ihre Beschäftigungschancen auf dem Arbeitsmarkt erschwert werden. In Zeiten zunehmenden Wettbewerbs werden jedoch auch im Bereich der Einfacharbeitsplätze nicht eingeschränkte Arbeitnehmer beschäftigt. Aufgrund dessen ist es wichtig, dass der Ausbildungsstand und die Qualifikationen von Behinderten erhöht werden. Besonders auch ältere Arbeitnehmer sollten an den Stand neuer Entwicklungen angepasst werden, um so einen Einstieg in den Arbeitsmarkt zu schaffen.

8.6 Überarbeitung des SGB IX

Um die Arbeitsmarktchancen für Behinderte in der Zeitarbeit zu erhöhen, ist eine Änderung des SGB IX zwingend nötig.

Ein erster Ansatz besteht in einer Abänderung des § 81 SGB IX, der die Pflicht zu Überprüfung freier Arbeitsplätze regelt, um so den Dissens zu beseitigen.

Wie bereits unter Punkt 5.2.2. erläutert, wollen die Kundenunternehmen innerhalb der Leiharbeit kein Arbeitsverhältnis begründen, sondern übergangsweise Personal entleihen. Somit haben sie sich innerhalb der Arbeitnehmerüberlassung ausdrücklich gegen ein Arbeitsverhältnis entschlossen und stellen somit keinen Arbeitnehmer im Sinne des § 81 SGB IX dar.

Eine Gesetzesänderung wäre somit ein weiterer Ansatzpunkt. Kundenunternehmen sollten auch die Pflicht haben, bei Zeitarbeitsunternehmen anzufragen, ob die zu vergebene Stelle auch von behinderten Leiharbeitnehmern besetzt werden kann. Dadurch würde wiederum ein Anreiz für Zeitarbeitsunternehmen geschaffen werden, die eine mögliche Unvermittelbarkeit ihrer behinderten Arbeitnehmer nicht befürchten muss. Dieses klappt jedoch nur, wenn die behinderten Menschen nicht in ihrer Tätigkeit so beschränkt sind, dass sie keine Stellen besetzten können.

Folgende Bedingung sollte im § 81 SGB IX aufgenommen werden. „Innerhalb der Arbeitnehmerüberlassung ist durch den Entleiher zu prüfen, ob geeignetes Personal des Verleihers für den freien Arbeitsplatz entliehen werden kann.“ Durch diese Gesetzesänderung kann ein hoher Anreiz für Zeitarbeitsunternehmen geschaffen werden, behinderte Arbeitnehmer einzustellen.

Ein zweiter Anreiz besteht, wie oben erwähnt in einer doppelten Quotenanrechnung. Dem entsprechend sollten behinderte Arbeitnehmer innerhalb der Arbeitnehmerüberlassungen dem Zeitarbeitsunternehmen, und ab einer gewissen Entleihungsdauer zusätzlich auch dem Verleiherbetrieb angerechnet werden. § 71 SGB IX sollte in dem Punkt überarbeitet werden. „Innerhalb der Arbeitnehmerüberlassung werden behinderte Arbeitnehmer ab einer nicht nur vorübergehenden Vermittlungsdauer zusätzlich dem Entleiherbetrieb zugeordnet."

Außerdem sollen die Änderungsvorschläge aus Punkt 8.3. bezüglich des Kündigungsschutzes übernommen werden.

8.7 Koordination der Arbeitsmarktpolitik

Derzeit gibt es zahlreiche arbeitsmarktpolitische Maßnahmen, um die Integration von behinderten Arbeitnehmern zu fördern.

Es ist jedoch zu kritisieren, dass es keine individuell angepasste Arbeitsmarktpolitik für Schwerbehinderte gibt. Angesicht der Vielzahl von Förderungsmöglichkeiten fällt es Unternehmen häufig schwer den Überblick über unterstützende Maßnahmen zu behalten. Als Konsequenz entsteht ein Wettbewerb vor allem um diejenigen Behinderten, die sich mit den geringsten Schwierigkeiten in den Arbeitsmarkt integrieren lassen.[177]

Eine mögliche Verbesserung in der Arbeitsmarktpolitik bestünde in einem Angebot aus einer Hand oder einer Vernetzung der Anbieter. Ein Vorschlag zur Vermeidung einer „Zersplitterung" der Angebote wäre eine zentrale Instanz als Ansprechpartner und Koordinator für verschiedene Eingliederungsoptionen. Diese Instanzen könnten so Informationen aus einer Hand bieten, die sowohl den Behinderten als auch ein einstellungswilligen Betrieben zugute kommen könnte. Bei der Bildung solcher Instanzen ist zwingend zu beachten, dass die Bürokratie gering gehalten werden sollte, da zu hohe Aufwendungen vor einer Kooperation zurückschrecken lassen könnten.

Ziel ist es somit, eine bessere Koordination des Instrumentariums zu erreichen und eine weite Zerteilung der Angebote zu vermeiden.

8.8 Weiterentwicklung betriebs- und arbeitsmarktnaher Integrationsinstrumente

Die gemeinnützige Arbeitnehmerüberlassung sollte zwingend weiter verfolgt werden. Das Integrationsziel der Behinderten sollte hierbei eine elementare Rolle spielen und den Gedanken verdrängen, behinderte Arbeitnehmer in einen „zweiten Arbeitsmarkt" zu verweisen, um so bestehende Einstellungshemmnisse abzubauen.

Ein weiterer Ansatz besteht darin, behinderte Menschen aus den Werkstätten gezielt zu fördern, die auch in dem regulären Arbeitsmarkt eine Chance hätten. Es müssten mehr

[177] *Winkler, A.:* (2000): Zeitarbeit für Behinderte, S. 105 ff.

Brücken aus einem Sonderarbeitsmarkt geschaffen werden, die zum einen in der Arbeitnehmerüberlassung gesehen werden könne.

Ebenso könnten Maßnahmen wie Praktika, Coaching und Arbeitsassistenz positive Auswirkung auf die Integration haben. Diese Maßnahmen könnten sich in Verbindung mit dem Erwerb betriebsrelevanter Kenntnisse für die endgültige Übernahme in ein reguläres Arbeitsverhältnis als vorteilhaft erweisen.

8.9 Kombination von Erprobungsmöglichkeiten und finanziellen Hilfen

Damit eine vermehrte Übernahme von behinderten Arbeitnehmern bei einem Kundenunternehmen erreicht werden kann, bedarf es einer Kombination von risikominimierter Erprobung und finanzieller Unterstützung. Allein die finanzielle Unterstützung baut keine bestehenden Vorteile gegenüber behinderten Arbeitnehmern ab und ist somit kein ausreichendes Kriterium für die Einstellung.

Im Umkehrschluss ist eine finanzielle Unterstützung neben der Erprobungsphase nötig, so dass zusätzlich Unsicherheiten abgebaut werden können.

9 Handlungsempfehlungen und Konzepte zur Lösung

Die Arbeitnehmerüberlassung stellt eine mögliche Variante dar, behinderte Menschen auf dem regulären Arbeitsmarkt zu integrieren. Hierfür sind jedoch einige Änderungen auf Seiten der Arbeitsmarktpolitik und auf Seiten des Bundessozialgesetzes vorzunehmen.

9.1 Handlungsempfehlungen

9.1.1 Langfristige Einbindung von behinderten Leiharbeitnehmern

Aufgrund der beschriebenen Kosteneffizienz sollten hauptsächlich kurzfristige Arbeitsverträge innerhalb der Arbeitnehmerüberlassung abgeschlossen werden.

Problematisch ist die kurzfristige Beschäftigung mit behinderten Leiharbeitnehmern, die oftmals keine hundertprozentige Arbeitsleitung erbringen können, oder diese nur nach einer erheblich längeren Einarbeitungsphase möglich ist.

Vor allem haben behinderte Arbeitnehmer jedoch eine Chance sich auf dem Arbeitsmarkt zu integrieren, wenn sie langfristig beschäftigt werden. In diesem Fall besteht für einen behinderten Leiharbeitnehmer die Möglichkeit, sich zu qualifizieren und sich in dem Betrieb zu beweisen und zu integrieren.

Die finanziellen Unterstützungen, Qualifizierungsmaßnahmen und die Arbeitsplatzgestaltungen könnten demnach ebenso besser effizient genutzt werden.

Somit ist zunächst festzuhalten, dass versucht werden muss, behinderte Arbeitnehmer langfristig in die Arbeitnehmerüberlassung zu integrieren.

Die Ineffizienz dieser langfristigen Einstellung innerhalb der Arbeitnehmerüberlassung wäre neben den Förderungsmöglichkeiten für Behinderte nebensächlich, da sie durch finanzielle Zuschüsse aufgefangen werden kann. Ist dies geschehen, zeigen Erfahrungen, dass die behinderten Arbeitnehmer keine Mehrbelastung für das Zeitarbeitsunternehmen darstellen. Sie sind im Gegensatz hierzu häufig hoch motiviert und zielstrebig, weil sie ihre negative Lage auf dem Arbeitsmarkt durchaus einschätzen können.

9.1.2 Konzentration auf körperlich behinderte Leiharbeitnehmer

Wie bereits unter Kapitel 2 erläutert leiden rund 65 % aller Behinderten unter einer körperlichen Behinderung.

Auf diese Randgruppe ist die Konzentration innerhalb der Arbeitnehmerüberlassung zu legen. Zum einen, weil die Gruppe einen hohen Prozentsatz aller Behinderten ausmacht, und zum anderen, weil ihre Behinderung nicht sofort eindeutig ins Auge fällt.

Körperlich behinderte Leiharbeitnehmer können auf dem entsprechendem Arbeitsplatz eine vergleichbare gute Leistung erzielen wie nicht eingeschränkte Arbeitnehmer. Oft leiden behinderte Arbeitnehmer nur unter geringen körperlichen Beeinträchtigungen, wie zum

Beispiel eine verringerte Hörkraft auf einem Ohr, so dass sie aber dennoch alle ihnen übertragenden Aufgaben bewältigen können.

9.1.3 Konzentration auf einfache Tätigkeiten

Die Arbeitnehmerüberlassungsbranche ist hauptsächlich in den Bereichen Hilfstätigkeiten und Metall – und Elektro vertreten. In diesen Berufssparten sollte demnach auch der Schwerpunkt der Vermittlungsanstrengungen eines Zeitarbeitsunternehmens für einen behinderten Leiharbeitnehmer gesetzt werden.

Oft werden in den Kundenunternehmen einfache Tätigkeiten verlangt, die selbst stark körperlich behinderte Arbeitnehmer erledigen könnten. Jedoch muss man beachten, dass hoch qualifizierte behinderte Arbeitnehmer eine solche Tätigkeit eher als zu geringe berufliche Anforderung wahrnehmen, und folglich einen solchen Arbeitsplatz im technischen Sinne nicht besetzen würden.

9.1.4 Struktur des Zeitarbeitsunternehmens

Die Arbeitnehmerstruktur eines Zeitarbeitsunternehmens sollte breit aufgestellt werden; so ist grundsätzlich zu empfehlen, dass sowohl nicht eingeschränkte, als auch eingeschränkte Arbeitnehmer eingesetzt werden.

Hierdurch entsteht, wie oben erwähnt ein sog. „creaming“ der Arbeitskräfte, so dass das Zeitarbeitsunternehmen bei der Vermittlung eines nicht beschränkten Arbeitnehmers die gute Reputation nutzen kann und womöglich auch einen behinderten Arbeitnehmer an das entsprechende Kundenunternehmen vermitteln kann.

9.1.5 Wirtschaftliche Ausrichtung des Zeitarbeitsunternehmens

Die bereits anhand der Projekte aus der Vergangenheit gesehen, ist es für den Erfolg des Zeitarbeitsunternehmens, das behinderte Leiharbeitnehmer beschäftig, ausschlaggebend und zwingend notwendig, dass es wirtschaftlich ausgerichtet ist, und nicht die Integration von behinderten Menschen in den Vordergrund stellt.

Die bereits gelaufenen Projekte zeigen, dass professionelle Zeitarbeitsunternehmen, mit einer funktionierenden wirtschaftlichen Struktur durchaus fähig sind, behinderte Leiharbeitnehmer erfolgversprechend zu vermitteln.

Kleinere Zeitarbeitsunternehmen, die nicht vergleichsweise wie die führenden Zeitarbeitsunternehmen aufgestellt sind, werden sich aufgrund fehlender positiver Reputationen schwer tun, behinderte Leiharbeitnehmer erfolgreich zu vermitteln.

9.2 Einbindung von Integrationsobjekten innerhalb der Arbeitnehmerüberlassung

Wie die Projekte des „Gemeinnützigen Personaldienst" und „We work together" bereits gezeigt haben, besteht die Möglichkeit einer Kooperation zwischen gemeinnützigen Institutionen und Zeitarbeitsunternehmen, die durchaus sehr erfolgreich kann.

Diese Variante wird im Folgenden hinsichtlich eines Integrationsobjekts im Zusammenhang mit der Arbeitnehmerüberlassung vorgestellt:

Integrationsobjekt i.S.d. §§ 132 ff. SGB IX

Ein Integrationsobjekt ist ein juristisch selbständiger besonderer Betrieb des allgemeinen Arbeitsmarktes zur Beschäftigung schwerbehinderter Menschen[178] Er zeichnet sich dadurch aus, dass er wirtschaftliche Ziele verfolgt und gleichzeitig eine große Anzahl der Arbeitsplätze (25-50 %)[179] mit behinderten Menschen besetzt, die aufgrund ihrer Behinderungen eine Integration auf dem Arbeitsmarkt selbständig nicht erreichen konnten. Diese Objekte zählen zu den Instrumenten des SGB IX und sollen Menschen mit Behinderung eine berufliche Integration ermöglichen. Diese Betriebe werden in eigener unternehmerischer Verantwortung geführt und bekommen für den besonderen Aufwand, der mit der Beschäftigung von behinderten Menschen entsteht, einen Nachteilsausgleich aus der Ausgleichsabgabe.

Nach § 134 SGB IX können Integrationsprojekte demnach aus Mitteln der Ausgleichsabgabe Leistungen für Aufbau, Erweiterung, Modernisierung und Ausstattung einschließlich einer betriebs-wirtschaftlichen Beratung und besonderen Aufwand erhalten. Als Leistungsarten kommen Zuschüsse, Darlehen und Zinszuschüsse in Frage. Bei der individuellen Förderung ist der Vorrang der Leistungen der Träger der Arbeitsförderung gem. SGB III (Bundesagentur für Arbeit), der Grundsicherung gem. SGB II (kommunale Arbeitsgemeinschaften und zugelassene kommunale Träger) und der beruflichen Rehabilitation nach § 18 I SchwbAV zu beachten.

Die Integrationsbetriebe stellen marktfähige Produkte und Dienstleistungen her, und werden deshalb nicht komplett staatlich subventioniert, sondern erhalten nach Bestimmungen des SGB III und SGB IX ausschließlich einen Nachteilsausgleich, der allen Arbeitgebern des ersten Arbeitsmarktes offen steht.[180]

Die Arbeitnehmerüberlassung mit behinderten Arbeitnehmern selbst stellt noch keinen gemeinnützigen Zweck dar. Ein Integrationsunternehmen, dass die Arbeitnehmerüberlassung mit behinderten Leiharbeitnehmern betreibt, kann aber dagegen als gemeinnützig

---

[178] Vgl. SGB IX § 132 I.

[179] Vgl. SGB IX § 132 III.

[180] Vgl. SGB IX § 134.

behandelt werden, wenn das Schwergewicht ihrer Tätigkeit im ideellen Bereich liegt, insbesondere in der Qualifizierung und der therapeutischen Betreuung der behinderten Arbeitnehmer. Wenn das Integrationsunternehmen diese Voraussetzung erfüllt, ist der Bereich der Arbeitnehmerüberlassung ein steuerpflichtiger wirtschaftlicher Geschäftsbetrieb innerhalb des Integrationsbetriebes.

10 Ausblick

Die Zeitarbeit bietet dem Arbeitsmarkt ein zusätzliches Mittel zur betriebswirtschaftlichen Anpassung der Arbeitsnachfrage. Sie eröffnet häufig schwer vermittelbaren Personen – wie in diesem Falle behinderten Menschen - einen Weg in den ersten Arbeitsmarkt.

Das Konzept der Arbeitnehmerüberlassung stellt eine durchaus geeignete Variante zur Verbesserung der Integration von schwerbehinderten Menschen dar. Allerdings sind einige elementare Aspekte zu berücksichtigen, um einschlägige Erfolge innerhalb der Arbeitnehmerüberlassung mit behinderten Arbeitnehmern zu erzielen.

Obwohl es ein sehr breit aufgestellten Förderungsinstrumentarium für die Integration von behinderten Arbeitnehmern gibt (Punkt 6), stellt die Beschäftigung eines behinderten Arbeitnehmers oftmals ein Problem für den Arbeitgeber dar (2.2.1.). Ziel demnach muss es sein, Vorgehalte des Arbeitgebers gegenüber einem behinderten Arbeitnehmer abzubauen.

Die besten Förderungsmöglichkeiten stellen die Arbeits- und Berufsförderung Behinderter (§ 14 I Nr. 4 SchwbAV) und die begleitenden Hilfe im Arbeits- und Berufsleben (§ 17 I S. 2 SchwbAV) dar. Jedoch ist zu beachten, dass die Entscheidung über eine Förderung von Zeitarbeitsagenturen im Ermessen der Hauptfürsorgestellen liegt. Diese Unsicherheit der Gewährung von Förderungsmöglichkeiten sollte explizit definiert und bestimmt werden.

Aktuell werden die Chancen der Arbeitnehmerüberlassung für Behinderte durch die Einführung des Persönlichen Budgets weiter gestärkt. Weil der behinderte Leiharbeitnehmer sich nun eine persönliche Arbeitsassistenz (6.1.10) einkaufen kann, die ihn bei der Einarbeitung auf einem neuen Arbeitsplatz behilflich sein kann, werden bestehende Hemmnisse auf Seiten der Arbeitgeber abgebaut. Potentielle Arbeitgeber bzw. Zeitarbeitsunternehmen sehen sich nicht mit längeren Einarbeitungszeiten konfrontiert, und sind eher dazu geneigt, einem behinderten Arbeitnehmer die Chance auf eine Arbeitsstelle zu geben.

Außerdem spielt die wirtschaftliche Ausrichtung des Zeitarbeitsunternehmens für den Misserfolg oder den Erfolg der Arbeitnehmerüberlassung mit behinderten Menschen eine essentielle Rolle.

Zeitarbeitsunternehmen, die eine „creaming“ Struktur aufweisen, können durchaus Erfolge aufweisen. Sie sind in der Lage, besondere Qualifikatiosprofile von Leiharbeitnehmern zu mischen und können so weiterhin auf die Anforderungen der Kundenunternehmen eingehen. Dies funktioniert jedoch nur, wenn sich das Zeitarbeitsunternehmen am Markt renommiert hat, und eine sehr positive Reputation vorweisen kann.

Diese Methode kann hauptsächlich in großen, sehr professionellen Zeitarbeitsunternehmen angewendet werden, die sehr wirtschaftlich ausgerichtet sind. (Randstad Deutschland GmbH & Co. KG, Adecco Personaldienstleistungen GmbH, Persona Service Zentralverwaltungs AG & Co. KG, Manpower GmbH)

Demnach ist die wirtschaftlich ausgerichtete Arbeitnehmerüberlassung mit behinderten Menschen durchaus erfolgversprechend. Die rein soziale Ausrichtung führt wie gesehen zum Misserfolg, weil die Kompetenzen im Marketing und im Procurement etc. bei den sozialen Einrichtungen nicht ausreichend vorhanden sind.

Des Weiteren ist es dem Kundenunternehmen zu empfehlen, die Arbeitnehmerüberlassung mit behindertem Leiharbeitnehmer hauptsächlich als Rekrutierungsinstrument einzusetzen. (3.3.3.), weil behindertes Personal vermutlich nicht immer in der Lage ist, Produktionsspitzen mit einer hundertprozentigen Arbeitsleistung zu bewältigen.

Die rein sozial ausgerichteten Zeitarbeitsunternehmen können bei der langfristigen Beschäftigung mit behinderten Leiharbeitnehmern nicht kostendeckend arbeiten, und sind somit neben den Entleihgebühren auf eine zusätzliche Finanzierung angewiesen.

Wie anhand des Projektes zwischen CARITAS und ManPower „We work together" (7.1.6) gezeigt, ist eine Kooperation sozialer Einrichtungen mit Zeitarbeitsunternehmen praktikabel und durchaus sinnvoll.

In dieser Kooperation werden die wirtschaftlichen Kenntnisse eines renommierten Zeitarbeitsunternehmens genutzt, und die sozialen Komponenten durch einen sozialen Verband übernommen. Dieses Pilot-Projekt in Österreich scheint die Arbeitnehmerüberlassung mit Behinderten optimiert zu haben und lässt auf gute Übernahmequoten hoffen.

Zusammenfassend lässt sich sagen, dass die Methode der Arbeitnehmerüberlassung mit behinderten Arbeitnehmern unter bestimmten Voraussetzungen durchaus praktikabel und wirtschaftlich ist.

Sollte der wichtige Schritt hinsichtlich einer Kooperation gelingen bzw. weiter verfolgt werden, so ist eine bessere Integration von behinderten Menschen auf dem ersten Arbeitsmarkt zu erwarten.

Eine langfristige Übernahme in ein festes Arbeitsverhältnis wird jedoch nur dann erfolgen, wenn die Risiken der Beschäftigung dauerhaft minimiert werden können. Sollte durch die Arbeitnehmerüberlassung eine risikolose Erprobung für das Kundenunternehmen ermöglicht werden, könnte die Unsicherheit über die Eignung der Mitarbeiter vermindert und dementsprechend das Beschäftigungsverhältnis erhöht werden.

Schlussfolgernd kann das Modell der Zeitarbeit behinderten Arbeitnehmern grundsätzlich neue Beschäftigungschancen eröffnen, da das Beschäftigungsrisiko seitens der Leiharbeitsfirma größtenteils übernommen wird.

Weitere Titel aus der Reihe: Schriften zur Zeitarbeit

ISBN 978-3-941388-18-5
€ 24,80

Erhältlich im Buchhandel oder unter www.vprm.de

Reuter

Arbeitsschutz für Leiharbeitnehmer

Leiharbeitnehmer haben bedingt durch vergleichsweise häufige Arbeitgeberwechsel verbunden mit kurzen Überlassungsdauern ein zwei- bis dreifach erhöhtes Unfallrisiko. Der Arbeitsschutz spielt daher eine außerordentlich bedeutende Rolle.

Das im Bereich der Arbeitnehmerüberlassung vorzufindende Dreiecksverhältnis zwischen Verleiher, Entleiher und Leiharbeitnehmer birgt hinsichtlich des Arbeitsschutzes deutliche Gefahrenpotentiale, da sich die arbeitsschutzrechtlichen Verantwortungsbereiche für den Leiharbeiter nur schwer abgrenzen lassen. Dieses Buch will Licht in die „arbeitsschutzrechtliche Grauzone" bringen und die gegenseitigen Rechte und Pflichten der Parteien näher bestimmen. Der Autor untersucht die individual- und kollektivrechtlichen Schutzvorschriften und stellt die hier relevante Rechtsprechung zusammen.

Das Buch richtet sich gleichermaßen an Personalverantwortliche in Unternehmen, Zeitarbeitsunternehmen und Leiharbeitnehmer und bietet eine praktische Orientierungshilfe in allen Fragen des Arbeitsschutzes.

ISBN 978-3-941388-19-2
€ 24,80

Erhältlich im Buchhandel oder unter www.vprm.de

Kraschinski

Sozialverträgliche Gestaltung der Arbeitnehmerüberlassung

Wird ein Arbeitnehmer von seinem Arbeitgeber an einen Dritten zur Erbringung von Arbeitsleistung überlassen, handelt es sich um Leiharbeit. Dieser grundlegende Unterschied zu anderen Beschäftigungsformen verbunden mit dem stetigen Wachstum der Leiharbeitsbranche ist seit jeher Ausgangspunkt für kontroverse Diskussionen über Vor- und Nachteile von Leiharbeit sowie über Chancen und Risiken.

In diesem Buch werden der rechtliche Rahmen der Arbeitnehmerüberlassung, die Entwicklungen des Leiharbeitsmarktes sowie die individuellen Arbeitsbedingungen eines Leiharbeitnehmers betrachtet. Anhand dessen werden sozial- und wirtschaftspolitische Risiken und Probleme der Leiharbeit aufgezeigt und Möglichkeiten zur sozialverträglichen Gestaltung dargelegt. Dabei werden die mit der Leiharbeit verbundenen Chancen nicht außer Acht gelassen, sondern als eine Gestaltungsmöglichkeit betrachtet.

Aktuelle Informationen finden Sie auch unter www.vprm.de

Weitere Titel aus der Reihe: Schriften zur Zeitarbeit

ISBN 978-3-941388-04-8
€ 24,80

Erhältlich im Buchhandel oder unter www.vprm.de

Dreher

Die betriebsverfassungsrechtliche Stellung von Leiharbeitnehmern

Dieses Buch behandelt betriebsverfassungsrechtliche Probleme, die sich an der Schnittstelle zwischen Betriebsverfassungsrecht und Arbeitnehmerüberlassung ergeben.

Durch die für die Arbeitnehmerüberlassung typische Aufspaltung der Arbeitgeberbefugnisse zwischen Ver- und Entleiher im Dreiecksverhältnis ergeben sich zahlreiche betriebsverfassungsrechtliche Fragestellungen, welche die Individualrechte der Leiharbeitnehmer und die Mitwirkungs- und Mitbestimmungsrechte der Betriebsräte in beiden Betrieben betreffen. Es hängt von der individualrechtlichen Einordnung ab, welche betriebsverfassungsrechtlichen Rechte dem Beschäftigten zustehen und welcher Betriebsrat für die Wahrnehmung der Mitbestimmungsrechte letztendlich zuständig ist.

Diese Fragestellungen werden in diesem Buch aufgegriffen, mit dem Ziel die Beteiligungsrechte der Betriebsräte im Ver- und Entleiherbetrieb zu ermitteln und Handlungsempfehlungen abzugeben.

ISBN 978-3-941388-20-8
€ 24,80

Erhältlich im Buchhandel oder unter www.vprm.de

Fabritius

Konzerninterne Arbeitnehmerüberlassung im Krankenhaus

Seit der Änderung der gesetzlichen Rahmenbedingungen der Arbeitnehmerüberlassung und der damit verbundenen Liberalisierung stehen den Unternehmen neue Möglichkeiten für den Einsatz von Leiharbeitnehmern offen. Vor diesem Hintergrund haben sich neue Formen von Arbeitnehmerüberlassung entwickelt – so auch die hier thematisierte konzerninterne Arbeitnehmerüberlassung. Bei dieser wird ein konzerneigenes Verleihunternehmen, meist als Personal-Service-Gesellschaft bezeichnet, gegründet. Zwecks Senkung der Personalkosten überlässt diese sodann Leiharbeitnehmer an die konzernzugehörigen Unternehmen.
Insbesondere beschäftigt sich die Autorin mit der Diskussion um die Zulässigkeit einer Personal-Service-Gesellschaft zum Zweck der Personalkostensenkung.
Aufgrund der allgemeinen Darstellung der rechtlichen Rahmenbedingungen der konzerninternen Arbeitnehmerüberlassung richtet sich dieses Buch nicht nur speziell an den Krankenhaussektor, sondern auch an andere Branchen.

Aktuelle Informationen finden Sie auch unter www.vprm.de

Weitere Titel aus der Reihe: Schriften zur Zeitarbeit

ISBN 978-3-941388-28-4
€ 24,80

Erhältlich im Buchhandel oder unter www.vprm.de

Kellner
Arbeitsschutzmanagementsysteme in der Zeitarbeit

Einführung und Organisation eines Arbeitsschutzmanagementsystems am Beispiel der Firma ARO Personalservice GmbH

Dieses Buch richtet sich an Unternehmen, die ihren Arbeitsschutz systematisch organisieren wollen, um damit einen Wettbewerbsvorteil zu generieren. Guter Arbeitsschutz führt zu einer hohen Qualität der Arbeit, fördert die Produktivität, die Leistungsfähigkeit und die Leistungsbereitschaft der Beschäftigten. Gerade für den wirtschaftlichen Erfolg der Zeitarbeitsunternehmen und für die Sicherung der Arbeitsplätze sind gesunde Mitarbeiter eine wesentliche Voraussetzung.

Eine funktionierende Arbeitsschutzorganisation ist von entscheidender Bedeutung für die Wirksamkeit des Arbeits- und Gesundheitsschutzes jedes Unternehmens.

Die ARO Personalservice GmbH in Gelsenkirchen erhielt das Zertifikat für „Arbeitsschutz mit System" (AMS) im April 2009. Durch die gesetzliche Unfallversicherung VBG hat das Zeitarbeitsunternehmen sein Arbeitsschutzmanagementsystem nach nationalen und internationalen Standards prüfen lassen. Eine spätere Anpassung an das SCC/SCP-Zertifikat ist geplant.

ISBN 978-3-941388-29-1
€ 24,80

Erhältlich im Buchhandel oder unter www.vprm.de

Hosenberg
Mindestlohn in der Zeitarbeitsbranche

Für kaum eine andere Branche wird die Frage der Mindestlohneinführung ähnlich intensiv diskutiert. Der Titel vermittelt einen Überblick über die derzeitige Lohn- und Tarifsituation in der Zeitarbeitsbranche und stellt mögliche Wege zur Einführung eines Mindestlohnes dar. Dabei werden die verfassungsrechtlichen und europarechtlichen Aspekte der Mindestlohneinführung beleuchtet. Zudem wird die für die weitere Entwicklung der Branche bedeutende Frage erörtert, in welcher Höhe ein etwaiger Mindestlohn unter Berücksichtigung internationaler und nationaler Vergleichsgrößen angesetzt werden sollte.

Das Buch leistet einen Beitrag, die Diskussion über die Einführung eines Mindestlohns in der Zeitarbeitsbranche wissenschaftlich fundiert voranzutreiben und bietet zugleich interessierten Praktikern einen Überblick über die wirtschaftlichen und rechtlichen Rahmenbedingungen der Branche.

Aktuelle Informationen finden Sie auch unter www.vprm.de